做一个有魅力的
数学老师

陈敏婷 / 著

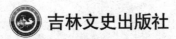

吉林文史出版社

图书在版编目（CIP）数据

做一个有魅力的数学老师 / 陈敏婷著. — 长春：
吉林文史出版社，2020.4
ISBN 978-7-5472-6824-7

Ⅰ.①做… Ⅱ.①陈… Ⅲ.①小学数学课–小学教师
—师资培养—研究 Ⅳ.①G623.502

中国版本图书馆CIP数据核字（2020）第051447号

做一个有魅力的数学老师
ZUO YIGE YOU MEILI DE SHUXUE LAOSHI

著 作 者：陈敏婷
责任编辑：程 明
封面设计：姜 龙
出版发行：吉林文史出版社有限责任公司
电 话：0431–81629369
地 址：长春市福祉大路5788号
邮 编：130117
网 址：www.jlws.com.cn
印 刷：北京虎彩文化传播有限公司
开 本：170mm×240mm 1/16
印 张：13 字 数：234千字
印 次：2022年6月第1版 2022年6月第1次印刷
书 号：ISBN 978-7-5472-6824-7
定 价：45.00元

魅力老师善于引导学生自我发展

魅力老师是学生的引路人、指导者。魅力老师要带领学生学会学习，教会学生"究万源""触类长"。而在传统的教学中，老师只是"传道、授业、解惑"，大多数老师采取"我教你听，我说你记，我问你答，我出题你考试"的模式。现代的教学反对注入式教学，应让学生学习独立、自主、创造。学生作为发展的主体、教育的落脚点，毫无疑问是应当自我发展的。只有高度的自我发展才能成为高度自由的人，成为新时代需要的人才。

学生的自我发展离不开老师，离不开人类文化的系统传递，更离不开在老师的引导下学习自我发展。作为老师，应按照教学目标，运用各种教学方法引起学生的兴趣，启发学生的主动性，指导他们发展自我的能力。强调老师的引导，不但没有减轻老师的责任，而且从新的角度对老师提出了更高的要求。因为老师不仅要熟知文化遗产和当代科学，而且要清楚青少年发展的规律，更要自觉运用引导的教学思想对学生进行自我发展的教育，使其智能、情感、个性、行为协同发展。老师与学生的关系应由主从关系转为合作关系，老师的引导对学生的成长有决定性的意义。

例如在复习应用题时，笔者出了一道有关相遇问题的应用题让学生补问题并解答：

两车相距330千米。甲车每小时行32千米，乙车每小时行34千米。两车同时从两地相对开出。

一些很常规的问题学生能很快地补出，如：

1. 开出后几小时两车相遇？

2. 相遇时两车各行了多少千米？

3. 相遇时，甲车比乙车少行了多少千米？

这时，学生已较难补上新的问题。笔者并不急于把知识"传授"给学生，而是启发他们从不同的角度去想，鼓励学生不怕困难，并对有创意的回答给予及时的肯定与表扬。在笔者的简要提示下，学生又想出了几种补充问题的方法：

1. 开出2.5小时后，两车相距多少千米？

2. 开出6小时后，两车共行了多少千米？

3. 如果甲车先开出1小时后，乙车才开出，还要几小时相遇？

4. 开出几小时后两车相距132千米？

……

下课了，学生还争先恐后地发表自己的见解。这时的黑板上已列出了十多种问题，学生热情高涨，都要求讲完了再下课。但课还是必须准时下的，唯有让还有自己见解的学生课后找笔者。结果更加热闹了，学生课后纷纷围着笔者讲出自己的想法，都想证明自己提的问题是正确的。

上完这节课，笔者的感触很大。老师与其把自己的"水"分给学生，不如教给他们取水的方法，因为老师自己本身所装的"水"是有限的。譬如这节课中，若要笔者补充问题，肯定不能补充这么多。而这节课笔者则巧妙地利用了学生的求知欲和成就感，自己在课堂中主要起了指导和调动的作用，运用各种方法使学生迫切地、主动地获取各方面知识并参与到教学活动中。

充满魅力的数学老师具有这样的特质：简约自然、善思导行、机智诙谐、启迪心智。

简约自然。充满魅力的老师把上好每节课作为自己一天教学生活的最精彩呈现。为此，他对自己的课堂不敢有丝毫的懈怠，精心准备、潜心研究，理解并把握好教学的重难点，研究并设计好教学的细节。40分钟的课堂中，师生没有高度紧张的情绪，但却有逻辑严密的思维，师生在朴实平和中感受教与学的快乐。老师挥洒自如、轻松流畅、亲切自然，师生在平等、协作、和谐的气氛下进行情感的交流，将对知识的渴求和探索融于简约真实的教学情境中，学生在思考和默默的首肯中获得知识。

善思导行。充满魅力的老师在教学过程中不断进行教学反思，及时总结经验、坚定信念，及时发现教学中存在的问题，进而完善自己。教学中既反思自己的语言、行动和思想，总结成功的经验；又反思教学中存在的问题，及时纠正；还反思学生的举止，实现教学相长。学生是教育的主体，关注学生的行为变化对课堂教学尤为重要，学生的一个眼神、一个动作、一句话都在向老师传递某种信息。教学中善于观察和捕捉学生的反馈信息，捕捉学生在学习中遇到的困难和普遍存在的问题，有利于教学。同时，鼓励学生在课堂上发表独到的见解，用以拓宽教学思路。老师应关注学生的学习行为，师生相互学习，从而实现教学相长。

机智诙谐。充满魅力的老师会努力以自身的热情，包括得体的着装、幽默的语言、奔放的动作等调动学生的情绪，带动学生主动学习，参与课堂教学，构建生动活泼有序的课堂。老师语言严谨、精练，课堂教学流畅、生动、形象，富有幽默感，能有效地激发学生的兴趣。老师真情流露，展现个性，迸发热情，就会触动学生心灵，激发学生求知的欲望，引起学生的注意，调动学生探究问题的主动性和积极性，激发学生学习的热情，帮助学生更好地掌握知识、唤醒情感、拓展思维。

启迪心智。充满魅力的数学老师有较深的理论功底，追求的不是简单的知识教学，而是注重思维训练，教学中直抵数学教育的本质。掌握知识不是目的，知识必须转化为智慧，才显示出它的价值。也只有在智慧的引导下，才可能有真正意义上的心智活动。智慧能让我们超越躁动的躯壳，拥有高尚的品质，无愧于生命的光辉。

渐行渐悟

从基础教育的过程和教学实践来看，长期以来，我们实行的是单一的学科课程、统一的教学大纲和内容、划一的班级和单一的评价标准。在传统的教学中，学生及老师已习惯了传统的教育模式。《新课程标准》（以下简称《新课标》）要求调动学生的学习主动性，使学生能主动参与课程及学习层次的选择，以适应新时代对人才的要求。教学模式的变化带来的是学生教育管理环境的变化，必然给教育者带来新的挑战。

通过对《新课标》的学习和实践，笔者在教育理念上实现了转变。《新课标》实施后，学生不仅作为教学的主体，而且更应该是管理的主体。要完成学生从被动学习到主动探究的转变，观念是行动的指南。只有完成理念上的改变，才能使教学行为改变。通过学习，笔者和学生的地位在改变。以前的数学课堂，笔者和大多数教师一样，大部分时间是主宰者，教师严格地教，学生被动地学。这时常让笔者感到，老师和学生实际上是两代人。经过这段时间的艰辛学习和艰难探索，笔者深深地体会到，老师应扮演主持人的角色，师生应该在平等、民主、友好、合作交流的氛围中享受教与学的乐趣。

选择改变是艰辛的，但是只要勇敢地跨出这一步，一切终将变得美好。当然，改变的前提是深入的学习和在专业上的摸索。以前，在数学教学中，笔者非常重视基础知识的传授，把教学的重点更多地放在显性形态的知识与技能的传授上，容易忽视与学生健康成长有关的发展目标。现在，笔者的教学过程除了有板有眼的逻辑顺序，更融入了内容丰富的情景和引人入胜的数学化过程，这样更有助于唤起学生的探索欲望和创新意识。每一节数学课，师生共同经历一个曼妙的数学学习之旅。在这个过程中，老师的魅力深深吸引着学生，引领着学生感受数学之魅力。一个充满魅力的数学老师的课堂上，表面上似乎有些“乱”，实际上是提供更多的时间和空间给学生讨论、交流、实践、研究。学生学得更加轻松，大大地提高了学习效率。

在二十四年的教学实践中，笔者深深感到，一个有魅力的数学老师能让学生爱上数学学习，那如何让自己充满教学魅力呢?

一、回归数学的本色课堂

小学数学课堂应是动态的、有趣的和高效的。一个有魅力的教师在上数学课时应首先意识到学生的主体地位，那么在讲课时就会根据讲授内容、对象特点和时机来选择教法、教具，让学生充分体验数学的魅力，从而保证数学课堂的高效性。

二、注重数学知识的形成过程

数学知识的形成是动态的，学生不仅要知其言，更要知其所以言。要将数学知识的动态形成过程用最有效的方式展现给学生，让学生在知理明言中学习和体验数学。例如，在教学体积这一概念时，教师通过面积引入，由二维发展到三维空间，从而引出“体积”，让学生明白“体积”是什么、为什么要用“体积”、如何使用“体积”，等等。这样，学生的知识就建构在动态的基础上，这对学生知识体系的完整建构有着非常重要的作用。

三、形成数学课堂的“张力”

教师应该创造机会让学生多问几个“为什么”，并积极地引导学生，让学生学会观察、思考、推导、计算、揭示、验证，让数学的“张力”引领学生探寻更高深的数学境界。

四、培养学生的数学思想和数学思维品质

数学思想和数学思维品质对学生的一生发展起着至关重要的作用。在小学阶段，教师可有效培养学生的数学“转化”思想，即把未知问题借助已有知识

进行合理有效转化，不断丰富学生的数学思想。同时，教师还可在学生学习的过程中培养他们实事求是、独立思考、勇于创造的数学思维品质。

一个有魅力的数学教师能依照数学的学科特点和规律构建生动、优质、高效的数学课堂：学生不再是知识的"容器"，而是可以点燃的"火把"；教室不再是主阵地，走出教室天地宽；课堂不是教师一个人表演，而是生生交流与合作；学生不再是"配角"，而是活动的"主体"；教学不再过于重视书本，而是注重联系生活……

亲爱的老师们，新课程的实施、教学模式的变革已经成为大趋势，想要成为一个充满魅力的优秀老师，需要不断地学习、不停地探索，在教学中练就实事求是、独立思考、勇于探索创新的专业本领。

陈敏婷

2019年4月20日

目录

第四章

魅力教师之教学篇

第五章

魅力教师之创新篇

第六章

魅力教师之技巧篇

第七章
魅力教师之评价篇

第八章
魅力教师之育人篇

1

每个人的心中都有一个对自己未来的完美规划，但现实往往与理想有一定的差距。既然选择了老师这一职业，就应该在这一领域好好干，在培养好学生的同时，自己也应该有所追求。见识决定态度，态度决定气度，作为教育者，只有努力让自己升值，增长见识，不断激发自己的专业思考，才能成就专业发展的梦想。

魅力教师之情怀篇

第一章

上下求索，精益求精

在中小学教育中，要看到并切实发挥学生的主动性，同时做到以学生发展为本，不是一件容易的事情。老师往往低估学生的能力，因为期望他们能做得如成人那样而不敢放手让他们自己去尝试。学生是学习活动不可替代的主体，又是教育活动中复合主体重要的一半。学生主动性发展的最高水平是能动、自觉地规划自身的发展，成为自己发展的主人，这是教育成功的重要标志。教育必须以学生的全面发展为本，在学生多种潜在发展可能性向现实发展确定性转化的过程中起着重要的作用。在日常的教育中，教育者应努力发现每一个学生身上存在的可能性，只要具有积极的、创造的、独特的意义，有利于学生健康地发展，教育者就要努力扶植它，尊重每一个学生的独特性，承认他们每个人都是唯一的，克服教育中追求完全趋向统一、整齐划一的弊病。这样，差异就不再是教育中令人头疼的问题。因此，一个真正有教学魅力的老师是以学生发展为本，能教各种类型的学生，并能使他们每一个人都能适应现实的要求并促进社会的发展，培养学生全球化的视野。

现在的小学生是新世纪的建设者，是国家和民族的未来。面向21世纪的教育，老师要有面向新世纪的思考，要有面向未来的崇高思想境界，只有立足"今天"、维系"明天"，才能真正做到以学生发展为本。我们培养的学生不仅要有扎实的基础知识，还应具有灵活的思维；不仅要有高尚的道德情操，还要有强壮的体魄，同时还应具有顽强的拼搏毅力、百折不挠的勇气、浓厚的学习兴趣、健康的竞争意识以及科学的、辩证的思维等。

教学中，我们应该通过自己创造性的教学劳动努力促进学生素质的提高，使学生真正成为德、智、体、美、劳全面发展的、具有国际化视野的一代新人。为了体现以学生发展为本，老师在教学中应努力做到：

一、全身心投入到事业中

"教书必须育人"，这是教育对老师的要求，也是时代赋予老师的特殊使命。老师在和学生交往过程中的一言一行、一举一动，都会对学生产生深刻的影响。正如叶圣陶所言："老师的全部工作就是为人师表。"

以满腔的工作热情、对事业执着的精神以及敬业、乐业、勤恳踏实、实事求是的工作态度和快节奏、高效率的工作作风去影响和感染学生，使学生在潜移默化中感受老师人格的魅力和情感的力量，从而促进学生自身素质的提高。

二、用爱去拥抱学生

热爱学生是师德的集中反映。师爱是一种社会性的高级情感。老师对学生的爱，是社会的需要、教育的需要，代表了成人社会对下一代的关怀和爱护，体现了国家和民族对下一代的深情和希望。因而，这种爱是稳定的、深厚的、高深的、纯正的、无私的，是与老师肩负的社会责任紧密相连的。作为老师，如果没有对事业执着的爱，没有对学生真诚的情，教学是不会取得成功的。

老师爱学生首先应该给予学生美的心灵和智慧的头脑，要用教育教学艺术的魅力吸引学生，使之爱科学、学科学，真正成为有理想、有道德、有文化、有纪律的高素质的一代新人。

老师应该爱每一位学生，尤其是对学习能力较差的学生更应该多一点儿爱。老师要面向全体学生，关注每一位学生，要使每一个学生都抬起头来走路，不能让任何一个学生扮演"失败者的角色"。

每一位学生，包括"基础薄弱生"，在班级、学校都有自己的位置。他们都在极力寻找自己的坐标，盼望有朝一日能发挥自己的潜能，在舞台上施展一番。作为老师，应深知"基础薄弱生"这一心理需求，给其提供机会，降低标准，优先满足其需要。心理学实验表明，一个人只要体验过一次成功，便会激起多次追求成功的欲念。我们要以真诚的爱、满腔的热情为学生积极创设"多次追求成功"的条件，努力捕捉他们身上的闪光点，想方设法给他们表现才华、体现自我价值创设机会，以增强其学习的信念和勇气。

当然，每一位学生前进的道路上都会有反复和挫折。老师应允许学生失误，要给其改正错误的机会。在教育教学实践中，应当既提供"基础薄弱生"获得成功的机会，又有意识地让其体验失败的痛苦，以增强其心理承受力。更重要的是鼓励他们跌倒了再爬起来，引导他们在失败中找潜力，正视挫折，鼓足信心，发挥优势，争取下一次的成功。这样不仅开发了学生的智商，同时也培养了他们的情商。

三、结合学科特点，实施素质教育

良好的小学教育对每个人一生的发展都具有重大影响。作为一名老师，应充分发挥教学的育人功能，育人的主要渠道是课堂教学。因此，教学要结合学科的特点，把思想品德教育、辩证唯物主义教育以及优秀学习品质和良好学习习惯的培养教育融入课堂教学之中，以促进学生素质的全面提高。

辩证唯物主义是科学的世界观和方法论。以小学数学教学为例，小学数学内容充满了丰富的辩证唯物主义因素。小学数学《教学大纲》明确指出，要通过数学教学内容，使学生受到辩证唯物主义观点的启蒙教育。因此，在教学中，要根据小学数学知识的特点，结合儿童的年龄特征和心理特点，积极对学生进行辩证唯物主义启蒙教育。

例如在讲比的意义时，笔者注意让学生用事物是联系的、发展的、变化的观点看问题，提出了"比与分数、除法有什么关系"的问题，引导学生讨论。同学们清楚了比的前项相当于除法中的被除数、分数中的分子；比号相当于除号、分数线；比的后项相当于除法中的除数、分数中的分母。

如 $3:4=3\div4=\dfrac{3}{4}$

根据它们之间的关系，同学们自然而然地对"比的基本性质"与"商不变性质""分数的基本性质"之间的联系加深了理解。尤其是新课中谈到的"比的后项不能是零"的问题，不讲就清楚了。通过对"比""除法"以及"分数"的比较，使学生认识到事物之间的发展、变化与联系。同学们不仅获得了知识，同时也获得了科学的方法，并受到了极限数学思想的启蒙。这样，学生不仅爱学数学，而且学会了怎样学数学，发展了思维，开阔了眼界。

笔者认为，老师能够引导学生用科学的数学思想、先进的数学方法，借助已有的知识去获取新知，这是最高的教学技巧之所在，也是提高学生素质、促进学生发展的关键。

一个真正的老师指导学生，不是进入已经投入了千百年劳动的现成大厦，而是促使他们去"搬砖砌墙"，用科学先进的方法来建筑大厦。老师的任务不仅仅是向学生奉献真理，更重要的任务是引导学生探求真理。

总之，老师要以创造性的教学劳动，用所教知识的艺术魅力和自身的情感去感染和激励学生，使学生在愉悦、和谐的环境中学会做人、学会求知、学会劳动、学会生活、学会健体和学会审美，并具有创新精神，为把学生真正培养成为有理想、有道德、有文化、有纪律的社会主义公民奠定基础，为学生获得终身学习的能力、创造能力以及生存与发展的能力打好基础，使学生真正成为具有较高素质的、能适应并促进时代发展的一代新人。

魅力老师之旅，我们累并快乐着。累，因为需要不停地思考、不停地改变，所以身体很累；乐，因为学习而乐，因为进步而乐！

焕发出生命活力的课堂才是理想的课堂

课堂是师生互动、知识习得的主阵地，是实施新课程的主战场。课堂是一个平常、普通而又神秘的地方，是一个赋予知识以生命活力、给予不太成熟的孩子以成熟魅力、让孩子动起来、让知识活起来、让生命放光彩的地方。无论课程改革如何进行，构建有效的数学课堂应该成为老师永恒的工作追求。什么样的课堂才是理想的课堂？如果用一句话来概括，那就是，焕发出生命活力的课堂才是理想的课堂。

究竟什么样的课堂才是符合《新课标》的课堂，才能算是一堂好课呢？

一、新

新就是不步人后尘，不因循守旧，不照搬别人的教案，努力把课讲出新意来，在某些方面有所突破。具体来讲，主要体现在以下几个方面：

1. 理念新——即先进的教育教学思想

小学数学教学观念是教学工作者在头脑中形成的关于小学数学教学过程及其规律、小学数学教学的价值取向等一系列重大问题的主观反映。观念是改革的先导，不同的教学理念会带来不同的教学设计，取得不同的学习效果。老师的教育观念决定了老师的行为，老师教育观念转变是有效地进行课堂教学的关键。

在新课程背景下，老师应树立新的老师观、新的学生观、新的知识观、新的人才观、新的评价观、新的质量观。

2. 思路新——即构思新颖、实用高效的教学

同样的教材，同样的学生，同样的40分钟，同样的老师，由于教学设计思路不同，课堂教学效果也大不相同。

通过长期的教学实践，笔者深深地体会到，教学只有根据学生的年龄特点和认知发展水平，努力改变教学内容的呈现方式和学生的学习方式，才能把老师讲解的内容尽可能变成适合学生探讨研究问题的素材。要尽可能给学生多一点思考的时间、多一点活动的余地、多一点表现自己的机会、多一点体验成功的愉悦，让学生自始至终参与到知识形成的过程中来，使学生成为数学学习的主人。让学生"动"起来，让课堂"活"起来。这样才能促使学生逐步从"学会"到"会学"，最后达到"好学"的境界。

3. 手段新——即重视现代化手段的运用

近年来，多媒体进入课堂，运用多媒体辅助教学，能较好地处理大与小、远与近、动与静、快与慢、局部与整体的关系，能吸引学生的注意力，使学生形成鲜明的表象，启迪学生的思维，扩大信息量，提高教学效率。可以说，现代教学技术和手段的推广使用，为教学方法的改革发展开辟了广阔的天地。因此，老师在课堂教学中要根据学生的思维特点，发挥多媒体课件动态感知的优势，创设他们喜闻乐见的教学情境。

这里需要指出的是，尽管多媒体教学手段在传递信息方面有诸多便利，但也不能排斥或代替其他的教学手段。黑板该用还是要用的，必要的板书还是要写的。电教手段只有用得巧、用到位，才能真正发挥其辅助教学的作用。

二、趣

趣就是激发学生的学习兴趣，兴趣是一种巨大的激励学习的潜在力量。在教学中，当一个学生对他所学的学科发生兴趣时，就会积极、主动、愉快地去学习，而不会感到是一种负担。孔子曾说："知之者不如好之者，好之者不如乐之者。"由此可见，培养学生的学习兴趣，让学生在愉快的气氛中学习，是调动学生学习积极性，提高学习质量至关重要的条件。

1. 导入新课时引发学习兴趣

导入新课是一节课的重要环节，俗话说"良好的开端是成功的一半"。教学的导入就好比提琴家上弦、歌唱家定调，第一个音定准了，就为整个演奏或歌唱奠定了基础。好的导入能吸引学生的注意，引起学生的认知冲突，打破学生的心理平衡，使学生很快进入学习状态。学生对所学知识产生了浓厚的兴趣，学习就变成了愉快的事情，就会学得积极主动。老师可借助实物（模型）或图片展示、故事演讲、猜谜语、表演、多媒体等多种手段创设情景，将教材内容生活化、数学知识趣味化、静态知识动态化，生动活泼地呈现数学内容，充分以境激情、以情激趣。

2. 讲授新课时保持学习兴趣

学习本身就是一项艰苦的脑力劳动。在学习过程中，既需要学生自身努力，也需要对学习过程产生兴趣，即变"苦学"为"乐学"，变"要我学"为"我要学"。为了保持学生的学习兴趣，可以参考的做法是：①重视运用教具、学具和电化教学手段，让学生的多种感官都参与到教学活动中；②营造良好的教学氛围，建立和谐的师生关系，使学生在轻松愉快的环境中学习；③创设良好的教学情境，通过富有启发性的问题，组织学生相互交流，让学生不断体验到成功的欢乐，保持学习的兴趣。

教学不仅是师生双方信息交流的过程，同样是情感交流的过程。老师精心设计教学，积极激发学生的兴趣，必然激活和加速学生的认知活动。

3. 巩固练习时提高学习兴趣

巩固练习是帮助学生掌握新知、形成技能、发展智力、培养能力的重要手段。心理实验表明，学生经过近30分钟的紧张学习之后，注意力已经过了最佳时期。此时，学生易疲劳，学习兴趣降低，学困生的表现尤为明显。为了保持较好的学习状态，提高学生的练习兴趣，除了注意练习的目的性、典型性、层次性和针对性以外，我们还要特别注意练习形式的设计。低年级可采用的游戏活动有小小运动会、数学扑克、争当优秀邮递员、猫捉老鼠、夺红旗、一把钥匙开一把锁、数学医院、摘苹果、开火车、接力赛等。为了使游戏更有趣味性，老师可制作一些小动物头饰，做游戏时让学生戴在头上，会使学生兴趣盎然，课堂气氛异常活跃。高年级主要是提出一些富有思考性的问题或创设某种情境。

三、活

活即教学方法灵活、把教材用活、把学生教活。

1. 教学方法灵活

在教学过程中，明确了教学目标、教学内容后，恰当地选择教学方法和模式就成为十分重要的问题。教学方法是老师在教学过程中引导学生完成教学任务所采用的行为、手段的总称。

"教学有法，但无定法，贵在得法。"教学中要注意多种方法的有机结合，坚持"一法为主，多法配合"，逐步做到教学时间用得最少、教学效果最好，达到教学方法的整体优化。但无论采用何种方法，老师要坚持启发式教学，要坚持在老师的指导下，通过动脑、动口、动手、动眼，让学生积极主动地参与学习活动，要坚持面向全体、因材施教的教学原则，要坚持让学生把学习当成是一种"乐趣"，而不是一种"负担"。

2. 把教材用活

教材是落实《课程标准》理念的重要载体，也是老师进行课堂教学的主要依据。老师只有"创造性地教"，学生才能"创造性地学"。要培养小学生的创新精神和实践能力，老师必须科学地、创造性地运用教材，打破教材对学生思维的禁锢，还学生自由创新的空间。老师在课堂教学过程中进行的教学活动并不是对教材的简单复制，而是老师对教材的二度开发，是一种再开发、再创造的活动过程，这也是老师参与课程开发的主要形式。数学学习的过程是一个基于经验的建构过程，有效开发和利用数学课程资源能使学生的学和老师的教突破教材的局限，为学生的自主探索和合作交流提供更加广阔的空间。在实际教学中常用的方法有替换教材中的例子、拓展教材的主题、改变教材的呈现方式、整合不同学科的内容等。

这里需要说明的是，老师创造性地使用教材需要遵循以下原则：①必须以《课程标准》为依据，在充分把握教材编写意图的基础上进行；②必须把握好教学的起点，准确了解学生已有的知识基础；③必须以有利于调动学生的学习兴趣，有利于有效教学为出发点；④必须是"实"与"活"的高度统一，不能流于形式做表面文章；⑤必须量力而行，符合学生实际。

3. 把学生教活

学习欲望是学习的根本动力，只有课堂活起来了，学生才能主动、生动、活泼地发展。把学生教活很重要的三个方面就是课堂上要注意培养学生的问题意识；要让学生有思维活动，有数学思考；要教给学生学习数学的方法。

（1）培养学生的问题意识。学生学习数学的过程是一个自主建构的过程，是认知矛盾运动的过程，是不断发现问题、解决问题的过程。"问题是数学的心脏"，是产生认知冲突的焦点。无论是对老师还是对学生来说，问题意识应该成为基本意识。所谓教学，说到底就是师生共同探讨、研究、解决问题的过程。在这一过程中，学生如果学会了发现、分析和解决问题，那么老师的"教"才能见成效，学生的主体地位才能得到充分体现。

（2）数学课上一定要有数学思考。没有数学思考，就没有真正的数学学习。数学思考贯穿于整个数学学习的过程，数学老师应该使学生认识并掌握数学思考的基本方法。"数学思考"应当理解为一种数学素养，包括两个方面，即思考数学与进行数学思考。数学活动不仅仅是一般的活动，而应该让学生经历一个"数学化"的过程。"数学化"是指学生从自己的数学现实出发，经过自己的思考及与他人的交流，得出有关数学结论的过程。数学课上要有数学思考，有学生的思维活动，也就是我们现在经常提到的数学课要有"数学味"，要有数学思考的含量。"学会数学思考"的首要含义就是应当学会数学抽象，而数学抽象又可以看成是一个"模式化"的过程。学过数学和没有学过数学的人，很大的区别在于会不会抽象地思考。

（3）教给学生学习方法，让他们学会学习。引导学生掌握一些基本的学习方法，让他们从小学会学习，这既是未来社会对基础教育的客观要求，也是素质教育必须完成的一项基本任务。这就要求老师在教学中要高度重视学习方法，让学生切实掌握一些基本的学习方法，如实际操作、直观感知、抽象概括、演绎推理、迁移类推、系统整理知识等方法。通过这些方法的掌握，促进学生学习能力的发展和素质的全面提高。

四、实

实就是教学中要讲求实效，不走过场，不摆花架子。用足球场上的一句话来说，就是教学要"到位"，即努力做到教学内容充实、课堂训练扎实、教学目标落实。

1. 教学内容充实

（1）合理确定教学内容的广度和深度。

（2）明确教学的重点、难点和关键。

（3）合理安排教学的顺序。

（4）要把数学教学和学生的生活实际联系起来，讲来源，讲用处。让学生感到生活中处处有数学，学起来有亲切感、真实感，要靠知识本身的魅力来吸引学生。

2. 课堂训练扎实

课堂训练扎实，即边讲边练，讲练结合，做到练有目的、练有重点、练有层次、形式多样、针对性强，并注意反馈及时、准确、高效。

3. 教学目标落实

一节课下来，看一看自己所定的教学目标是否得到了很好的体现。一节课教学效果的直接表现就是学生的学习成效，其大小表现为以下三个方面：①预定的教学目标达成程度如何；②教学目标的临时调整是否有价值；③每一位学生是否都获得了一定的提高。

五、美

1. 风格美

一名优秀老师与一般老师的区别就在于他具有高超的教学艺术和独特的教学风格。所谓教学风格，是指老师在长期的教学实践中逐步形成的、适合自己个性特征的教学观点、教学方法和教学技巧的独特结合与表现。可以说，教学风格是老师在教学上成熟的标志。一个不争的事实就是，没有老师的个性化教学就很难促成学生的个性化学习。

一个老师教学风格的形成，一般要经历四个阶段：模仿教学阶段、独立教学阶段、创造性教学阶段、有风格教学阶段。

老师由模仿教学到形成有特色的教学艺术风格的实践过程中，每个阶段的向上"跃迁"，都需要一定的主客观条件。其中，最重要的是老师的内在素质、主观追求与不断开拓创新，这是决定老师在某一阶段"停滞期"长短最主要的因素。不断加强教育教学理论修养和教学研究活动，是不断提高自身课堂教学艺术水平的重要途径。在科学理论的指导下，结合自身特点，学习、研究和吸收他人的优秀经验，不断在教学实践中充实和提高自己，才能做到常教常新，永葆教学艺术青春不衰。

2. 氛围美——为学生创设宽松和谐的学习环境

一个人只有在宽松的氛围中才会展现自己的内心世界，才会勇于表现自我，个人的主观能动性才能得到充分发挥。学生只有在民主和谐的气氛中学习才能心情舒畅，才能使思维始终处于积极的、活跃的状态，才能敢想、敢说、敢于质疑问难。教学过程是师生相互交流的双边活动过程。师生以什么样的心境进入教学过程，是学生主动参与学习并取得教学效果的前提。民主、和谐、宽松、自由的教学氛围，能够最大限度地发挥学生的主体性。

课堂教学中应积极提倡六个"允许"，即答错了允许重答、答得不完整允许补充、没有想好的允许再想、不清楚的允许发问、不同意见允许争论、老师错了允许补充，甚至必要时允许学生不举手自由发表意见。课堂教学中要减少对学生自主学习时间的占用，为学生提供积极思考、主动探索与合作交流的空间，使学生多一些自由的体验。我们要为学生创造富有个性化、人性化的学习氛围和空间，使学生的个性特长和学习优势得到充分的发挥。

3. 感受美

现在的课堂不能只是关注知识的接受、能力的提高，还要关注学生课堂教学的感受。当代的课堂教学应该是一种注重培养和发展学生主体性品质的"我行"的教育，而不是贬低、压抑学生主体性品质的"我不行"的教育。在课堂教学中，注重利用成功带来的积极体验促进学生的学习，并使学生获得精神上的满足和享受，是当代国内外课堂教学改革的一个重要特征。

总之，课程实施是一个不断调整、不断适应的过程。理想的课堂是一种教育理念，更是一种价值追求。理想的课堂应该是一个师生对话的舞台，是一个智慧生成的地方，是一个引导学生发展的场所，是一个引导学生探索知识的场所，是一个老师教育智慧充分展现的场所，是一个享受成长幸福的场所。好课应该有学生的充分参与，应该关注学生的个别差异，应该培养学生的问题意识，有利于学生的身心健康发展。只要我们心中有理想、有追求，新课程背景下的数学课堂一定会变得越来越精彩，一定会变得越来越富有灵性。

激发情感促进主动认知

情感与思想方法分别是认知的"动力源"和"导航器"，而认知活动的成功是形成自我激励的动因。小学生正处于自觉意识较淡薄、自控力较差的年龄段，他们在认知过程中特别需要情感的支持和推动。因此在教学中，老师应重视激发学生的情感，强化动机，促进主动认知。

一、精心导入，唤起兴趣

认知始于注意，没有注意信息就无法输入，或不能有效输入，造成认知无法启动，或起动乏力。因此，老师要根据学生好奇、好问、好动的心理特点和教学内容，运用恰当、巧妙的教学手法（如巧设悬念、设置认知局势冲突、创设教学情景、联系生活实际和故事引趣等）导入新课。愉快教学以创设情境、激发兴趣的方法吸引学生，消除学生在生理和心理上的紧张、疲劳、恐惧等感觉和情绪，激发学生对所学习内容的浓厚兴趣和强烈的求知欲。我们经常借助挂图、录音、投影、表演等手段，加强形象化教学，使学生获得认识的乐趣、审美的乐趣。低年级可组织一些有趣又有效的游戏，如看图找字、猜一猜、竞赛、取卡片、开火车、找朋友等，以鲜明的形象、生动的情境激发学生的兴趣，使课堂充满情趣、充满童趣，使学生以高昂的热情，全神贯注地投入认知活动。

如数学教学中经常运用精心设置的悬念来引入新课，电影、戏剧设置的"悬念"安排在故事情节中，数学教学则安排在课堂教学结构、教材处理等方面。笔者教"能被3整除的数的特征"时，在对教材多次推敲和斟酌的基础上，设计提出了三个问题：

第一个问题：个位上是3、6、9的数，都一定能被3整除吗？学生回答："能！"笔者随即写出了13、16、19三个数，学生又马上回答不能被3整除。

第二个问题：个位上不是3、6、9的数都一定不能被3整除吗？学生持怀疑态度。笔者马上写出42这个数，学生立即回答："42能被3整除。"

第三个问题：能被3整除的数有什么特征呢？同学们用好奇的眼神交换目光，迫切地想知道能被3整除的特征。新课就从这里开始了。

设置悬念既能指出思维方向，又激发了求知欲，使学生产生对知识的渴求，学习目标一下子就抓住了，学生注意力集中，思维活跃。97.5%以上的学生都掌握了能被3整除的数的特征及判定方法，教学效果好。

二、提供机会，强化动机

由于兴趣仅是浅层动机，不稳定，需要继续强化，使之进入深层的理性动机，上升为责任感（内驱力），从而使学生在整个认知过程中始终保持积极、主动的状态。因此，在学生对学习内容产生兴趣之后，老师还要根据学生好新、好动、好胜的心理特点，采用多种教学形式，创设生动活泼的教学情境，给学生表现的机会，让他们多动手、多观察、多思考、多表达，充分参与主动探知。在这一过程中，老师相机启发点拨，让学生增强学习数学的满足感，并通过形式多样和联系日常生活实际的练习（如生活中需要计算周长、面积的实际问题，计算利息、利润等）让学生产生情感体验，感受到数学的力量和作用，使学好数学成为学生的内在需要，养成自学探求新知的良好学习品质。如在教学异分母分数加减法时，先通过铺垫练习，唤起原认识（通分、同分母分数加减法的原理及除数是小数的小数除法计算法则、推导的基本思路）后，把铺垫题中的 $\frac{1}{3}+\frac{1}{3}$ 改为 $\frac{1}{2}+\frac{1}{3}$，创设新旧知识冲突，发散思维，激发其探知欲望。在这之后设问：能直接计算吗？为什么？再以分组讲座的形式研究怎么办、为什么，鼓励学生运用化归方法尝试推导，老师相机诱导，使学生获得成功的喜悦。接着让学生动手折纸、剪拼（如下页图所示）加以验证，并独立尝试计算。在此基础上，再引导学生用自己的语言概括出计算法则。

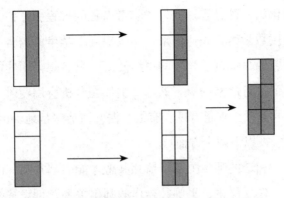

图1　学生折纸剪拼 $\frac{1}{2}+\frac{1}{3}$，感受化归思想

三、展示数学美，增强内驱力

数学具有丰富的美育内容。普洛克拉斯说："哪里有数学，哪里就有美。"数学美的特点是简洁、匀称、比例与和谐。在教学中，老师要挖掘并向学生展示数学美，使学生领略到数学的魅力，体验美的愉悦，从而激起学好数学的极大兴趣和探求新知的欲望。例如在教"比"的知识时，向学生介绍黄金分割率，并指出金字塔（课件展示）等造型之所以美，就是运用这一分割率，从而培养学生正确、健康的审美观，激发其创造美的欲望。

四、优化语言，化抽象为形象

教育中爱的语言是积极的、肯定的和鼓励的。爱的语言里没有侮辱贬损，没有讽刺挖苦，没有挑剔指责，没有威吓攻击，即使在愤怒的时候也是如此。当然，爱也不轻易动怒。

数学学科比较抽象，学生学起来常会感到枯燥无味。因此，老师的语言不仅要充满爱，还要准确，而且能生动、形象、恰当地运用比喻、拟人的手法给数学内容赋予浓厚的感情色彩，变抽象为具体，变平淡为形象。这样不但能激发学生的学习兴趣，而且能帮助学生克服认知中的障碍。例如在"数的整除"中，倍数与约数的关系与生活中的父子关系十分相似，若以此形象地比喻，学生就很容易弄清倍数与约数的相依关系。

在数学课堂教学中，还要让学生正确地使用数学语言，口述程序性的解题思路是思维形象化的一种过程。在口述思考途径的过程中，把学生看不见、摸不到的思维过程用数学语言表达出来，不仅提高了学生的语言表达能力、逻辑思维能力，更重要的是促进了学生的思维发展。只有想得明才能说得清，学生要在老师的指导下进行严格的语言训练。例如在分析应用题时，可让学生根据条件与问题之间的关系，有条有理，有根有据，清清楚楚地讲出分析过程。

此外，还要重视以下两个方面：

一方面是建立和谐的师生关系。情感共融才能引起共鸣，因而老师要尊重学生、相信学生，建立民主、平等、合作的师生关系，创设宽松和谐的学习氛围，以形成良好的认知背景，使学生在民主、温暖、和谐的气氛中主动、积极地参与教学活动。在实施愉快的教学中，笔者要求自己以尊重学生的独立人格为出发点，寓教育于爱的情感中，在学生面前自觉做到多些耐心，少点急躁；多些表扬，少点批评；多些鼓励，少点挖苦；多些"和风细雨"，少点"电闪雷鸣"。扬扬是一位失去父亲的男孩，由于生活的挫折，他精神不振，极度情绪化，成绩很差。笔者用胜过对待自己子女的爱心尊重他、关心他，鼓励他振作起来，自立自强，发奋学习；与他谈心，关注他微小的进步；有意组织活动，给他表现的机会，帮助他在同学中树立威信。这个男孩在爱的雨露中很快赶上了集体前进的步伐，成绩由二十多分进步到八十多分，情绪也能控制了。实践证明，重视学生独立人格的教育，才是促进儿童身心健康发展的最佳途径，才是造就健全人格的关键，才是师生关系平等和谐的根本保证。

另一方面是要挖掘教材中蕴含思想品德教育的因素，有机渗透，把学生的学习动机提到更高的层次。数学教材渗透爱国主义和人文等方面的教育，主要是结合有关内容，通过有意义、有说服力的数据材料以及一些数学史实来进行的。例如，通过反映我国地大物博的数据、反映我国生产建设发展的统计表等，进行社会主义教育；通过编排有关科学研究和小学开展科技活动等情境的应用题，向学生进行从小爱科学的教育；通过对我国古代数学伟大成就（如乘法九九口诀、珠算、祖冲之的圆周率等）的简介，激发学生的民族自豪感，从而激励他们树立为国家、民族做贡献的远大理想，培养其锲而不舍的坚强意志。

培养有益情感，构建和谐课堂

　　情感是人对待事物的态度和体验。当客观事物与个人的需要相符合时，则会出现满意、愉快等有益的情感。反之，则会出现与之相对立的不良情感。有益情感是心理活动高度发展和多方面发展的内驱力，能促使学生思考、探索，进行创造性的学习活动；不良情感则会成为生活、工作、学习的障碍。在教学过程中，教学方法的选择和运用对有效教学而言自然是重要的，但似乎还有比"方法"更重要的，那就是老师的人格、老师的期望、老师的热情。老师是否能够赢得学生的信任，几乎决定了老师教学的有效性。在老师所有的有效行为中，最重要的是老师是否具有"激励性人格"，比如热情、期望和可信任感。笔者在开发学生智力、培养学生能力的同时，注意培养学生的有益情感，促进学生的智力发展，取得了可喜的成绩。

一、动之以情，激发有益的情感

　　学生学习积极性的高低取决于对学习的情感，这在很大程度上取决于老师的情感反应。从日常的教学实践中发现，学生喜欢某一学科，与教这门学科老师的业务水平强、思想素质高、事业心、责任心是分不开的。这是因为情感具有巨大的感染力，学生与老师产生了情感上的共鸣，就会产生主动、积极的精神状态。

　　教学时，老师精神饱满、教态自然、语言亲切，时时、处处用热情、诚恳和信任的思想去感染学生、打动学生，努力创设愉快、欢乐的气氛，建立和谐平等的师生关系，以情激情。学生一旦接受了老师的情感，和老师的情感融洽地交织在一起，便会以饱满的热情投入到学习之中，将一切干扰减少到最低限度，克服困难，取得学习的成功。

二、晓之以理，诱发有益的情感

人的情感是以个人意识倾向为转移的。如果一个人对某种事物有了情感上的倾向，将产生一种潜移默化的、不可抗拒的力量。只有让学生对数学从心理上产生意识倾向，对学习本身产生兴趣，把求知视为自身的需要和一种快乐的事情，才能产生有益的情感，促使他们乐学、愿学、爱学。

老师要深入挖掘教材的内部情感教育因素，经常向学生介绍一些古今中外科学家、数学家的成长之路，学习其高尚品质和探索精神，把今天的学习跟明天投身社会联系起来，引导学生树立成才的鸿鹄之志，培养学生的有益情感，激发其学习动机，提高学生学习的主动性和自觉性。

三、激之以趣，调动有益的情感

人的情感总是在一定的情境中产生的。倘若老师能带着一种渴求知识的欲望和一种跃跃欲试的情绪进入课堂，引导学生入情入境，使学生觉得学数学是件愉快的事，是一种精神享受，并能不断地得到精神上的满足，学生的学习情感必定油然而生。

如教学"能被2、5整除的数的特征"，先写出几个比较小的数，让学生快速判断能否被2和5整除，然后写出几个较大的数让学生快速判断能否被2和5整除。若学生表示"不能"，老师则迅速判断，学生检验无误。接着让学生到黑板上写数，无论写多么大的数，老师都能迅速判断。此时，学生迫切地想知道其中的秘密，激发了学习兴趣，增强有益的情感，形成学习的最佳状态，从而推动学生进行创造性的学习。

四、授之以方，增强有益的情感

心理学研究表明，具有稳定情感的人能保持心情愉快、朝气蓬勃，能够满怀信心地对待新事物、新问题，有勇气，争做强者。当学生掌握了一定的学习方法，就能自己学习新的知识，亲自体会成功的乐趣后，将其变成一种动力再去获得新的成功。这样才能增强有益的情感，坚定学习信念。

如教学"应用加法交换律、结合律进行简便计算",先让学生计算
325+75+480、325+480+75、480+（325+75），然后让学生思考、讨论：
"①这三道题有什么特点？②你认为三道题中哪一道计算较简便，为什么？
③能否把计算不简便的转化成计算简便的，根据是什么？"接着让学生观
察、思考、探索：下面各题怎样计算简便，为什么？①48+678+152+322；
②68+281+39+19+32。合理地设计认知结构，以指导学法为主，使学生通过思
考、争论、探索，获得知识，掌握方法。爬坡不见坡，学新不见新，增强有益
的情感，从而提高了课堂教学的有效性。

五、教之以材，陶冶有益的情感

美国教育家杜威说，任何时候都不要忘记教学对象是一个个活生生的思
想、情感、意志、个性都处于变化之中的个体。这些个体间是千差万别的，任
何教学模式即使是基本正确的，也应从变化之中和个性差异出发，而不应千篇
一律、削足适履。每个学生的个性和情感都不相同，即使是同样的情境，不同
学生表现出来的情感也不一样。如果按对待学优生的要求去对待全体学生，就
会使学困生望而生畏，觉得高不可攀；如果按对待学困生的要求去对待全体学
生，就满足不了优生的求知欲，觉得"得来全不费功夫"，这样不利于陶冶学
生的情感。只有从学生实际出发，提出不同的要求，采取不同的形式和方法，
既面向全体又兼顾个别，别出心裁，因材施教，"做到一把钥匙开一把锁"，
才能陶冶学生的有益情感，全面提高教学质量。

六、纳之以序，稳定有益的情感

知识之间是相互联系、相互依赖的。因此，教学时要依据知识间的整体
性、有序性、阶段性和内在联系，由浅入深，循序渐进，适时构建知识的序列
和网络系统，把微观的教学置于宏观的教学之中，充分发挥各部分知识的纽带
作用，合理迁移，适时总结，适时渗透，正确处理好昨天、今天和明天的关
系，以加深和稳定学生的情感。

例如教学"异分母分数加减法"后，笔者设计了以下几个问题：①整数加
减时为什么相同数位上的数要对齐？②小数加减法时为什么小数点要对齐？

③同分母分数加减时为什么分子相加减，分母不变？④异分母分数加减时为什么要先通分后加减？学生弄清了只有计数单位相同时才能直接相加减的道理，分数的知识就形成了一个网络，学生获得了知识，提高了能力，稳定了情感。

七、导之以行，发挥情感效能

心理学告诉我们，钟摆式平滞呆板的教学节奏只能使学生昏昏欲睡。而波澜起伏、张弛结合、不断变化的教学节奏，能使学生的大脑皮层产生兴奋，激发起情感。如果课堂教学节奏过快，则呈现出老师的超前状况，达不到师生共鸣；如果节奏过慢，老师对学生的估计不足，满足不了学生的求知欲，同样也达不到师生间的共鸣，这样都达不到预期之目的。保持节奏也意味着让学生"自然生长"。夸美纽斯的名言是："自然并不性急，它只慢慢前进。"比如，鸟儿不会把它的卵放在火上，使它们快些孵化出来，而是让它们在自然温度下慢慢地发展。法国人卢梭强调"自然的进程"，他说："自然的真正进程是比较缓慢地逐渐前进的，血液一点儿一点儿地开始沸腾，心思一点一点地趋于细致，性情一点一点地慢慢形成。"按照通常的说法，就是"欲速则不达""循序渐进""量力而行"。因此，要切实把握住良好的教学节奏，该快则快，该慢则慢，并不断用语言、眼神、手势等激励和激发学生探求真理的志向与学习的自信心，把课上得生动活泼，使教学成为吸引全体学生向知识海洋探索的活动，充分发挥情感的效能。

只有在教学中注意培养学生的有益情感，为智力活动提供最佳情绪前景，把学生的情感和智力因素完美地结合起来，使其轻松、愉快、兴趣盎然地从事学习活动，才能有效地提高课堂教学效率，构建和谐生动的课堂。

珍爱每一位学生

笔者从当老师的那天起，就感到老师的责任重大，老师不仅要教好书，更重要的是育好人。热爱教育事业，就要给学生奉献一颗爱心，做好教书育人的工作。为了不让一个学生掉队、落伍，要因地、因时、因人制宜，用"一把钥匙开一把锁"的办法，对每个学生都动之以情、晓之以理、导之以行、持之以恒，真正把爱心奉献给每个学生。

一、做学生的贴心人

在教育教学实践中，笔者深深体会到，要做好教书育人的工作，老师就要当学生的表率，做学生的贴心人，对学生的关心尽可能做到无微不至。接新班前，对学生学习、生活、思想的情况，笔者都事先做了充分的调查、分析，把教育工作做在前面，也把实际情况记在教学日志上。刚接手六（3）班时，经笔者了解，小黎同学以前有小偷小摸的行为，一至五年级每个学期都发生过偷窃的事件，前任老师都提醒笔者注意他。但笔者并没有戴着有色眼镜看待他，而是开门见山地向他指出缺点，并深入地分析利与弊，讲明若再次发现他有这种行为的处分手段，鼓励他要做一个堂堂正正、无私无畏的人。另一方面让他感受到老师对他的尊重与信任，让他在科技制作、修理桌椅方面发挥特长，给予恰当的赞许。现在教小黎差不多一年了，班中没再发生失窃事件，有两次他捡到钱还亲自交给老师，成了老师的帮手，为老师分忧解难，老师和同学们越来越喜欢他了。

老师要做学生的贴心人，说来容易做来难。笔者在教育工作中，时时、事事都注意主动地将心贴到学生的心上去，努力亲近学生、关心学生。每一次学生有不舒服，笔者都第一个发现，并亲自喂他们吃药，用自己的额头为学生测体温，通过亲切的言行使学生感到老师对他们是真心真意的关爱，师生间的戒备就在这种关爱中消除了。记得有一次，小辉双眼下眼睑都长出了一个小豆豆。由于他成长在单亲家庭，父亲照顾得不是很周到，没有带他看病，也没有采取任何措施。看到他双眼睁不开，又不停地流泪，笔者心痛不已，忙拿来一支眼药水，坚持上、下午都为他滴，并专门请一个同学监督他的卫生习惯（因为他不太注意个人卫生）。经过四天，他的眼睛全好了，笔者又坚持为他滴眼一星期。经过这件事，笔者发现小辉变了，变得乖了、听话了，也爱跟老师讲心事了。这种转变令笔者意想不到，这也更坚定了笔者全心全意爱学生的信念。

二、转变后进生的对策

在教学过程中，笔者要求自己以尊重学生的独立人格为出发点，寓教于爱，在学困生面前自觉做到多些耐心，少点急躁；多些表扬，少点批评。扬扬是一位失去父亲的男孩，生活的挫折使他精神不振，极度情绪化，常会无缘无故地乱喊乱叫，并主动攻击同学，拍、打、扔同学的课桌椅，推教坛等事情经常发生，老师拿他没办法，同学们见到他也避让三分。在学习上，扬扬更是一塌糊涂，作业不能完成，上课无精打采或捣乱，每次测验或考试都只有十几分。他本人也不在乎，不思进取。面对这样一位学生，笔者并没有气馁。笔者知道，对于这样的学困生不仅要爱，而且要给予更多的爱，只有这样做才能把扬扬拉回来。刚任教时，笔者多次找前任老师、同学及扬扬的妈妈谈话，向他们详细了解扬扬的表现、性格、爱好，又多次找扬扬谈心，对他的情况做了全面地剖析，从而设计了一系列的方案去改变他。首先，笔者调整了座位，选择一位既能在学习上帮助他又能控制住他的情绪的同学与他同桌。在50位学生中能符合条件的人选就只有小贤，小贤的数学思维极好，且乐于助人，有责任心，能在学习上帮助扬扬。另外，扬扬比较怕小贤，当他想发脾气或情绪波动时，只要小贤一变脸或一句冷语就能有效制止他。良好的座位配置使笔者省心省力，又起到良好的效果，使笔者能把主要精力放在教学上。

另一方面，笔者也给予扬扬更多的师爱与关照。笔者经常鼓励他振作起来，自立自强，要代替已故的父亲照顾好母亲，希望他走出失去父亲的阴影，做一个顶天立地的男子汉。课余时间，笔者用胜过对待自己女儿的爱尊重他、关心他，利用放学后的时间为他补习，从低年级的知识补起，一点一滴地帮他积累知识。本级的英语老师教三个班，工作量较大，没有太多时间帮助扬扬。于是笔者在帮其补数学的同时，也帮他补习英语，默写课文，听写单词。在学习上，笔者关注他的微小进步，给予他表现的机会。每次他的作业有一点进步，笔者都会在本子上写上鼓励的语句，并且一道题一道题地教他改正。日复一日，扬扬不仅每天都能完成作业，而且作业的质量也越来越高了。

　　更重要的是，充分利用堂上40分钟的时间，促使他认真听课。笔者对他提出要求：听得明白的要记在脑袋里；听不明白的也尽量认真记下来，课后再问老师或同学。每次做练习时，笔者都给予他重点辅导。笔者经常给他发言的机会，有些知识笔者发现他掌握得比较好，就故意请他来回答，并让全班同学鼓励他、表扬他，使他树立自信心及获取成功的体验。接下来，笔者就对他提高一些要求，问他一些较具思维性的问题，虽然开始总答不好，但由于已经为他建立了信心，他也不会灰心。笔者便因势利导，请同桌或一些会的同学先回答，再让他慢慢地跟着答，答对了、答完整了同样表扬他。他的学习信心因此大增，上课更加投入、专注，产生良性循环，便能在堂上解决新知识。笔者以此为契机，找准他的知识切入点，通过老师、同学的帮助，不断扩大其知识面。通过这一系列的努力，扬扬终于赶上了集体。说来也怪，扬扬不仅学习有进步，他的脾气也好了很多。笔者接班后，扬扬没再发生情绪波动，同学们都觉得扬扬变了，变得自律、自重了。扬扬妈妈也反映他回家后很自觉地学习，体谅母亲，还经常跟妈妈说："陈老师真好，我最喜欢陈老师。"每次测验，扬扬都进步到60分以上，有一次得了84.5分。看到家长感激的面容，看到孩子发生可喜的进步，作为老师，一切的付出、一切的辛酸已不再重要，有的只是喜悦与信心。

　　常和学生在一起，感受到他们年少的活力，呼吸着校园里的空气，笔者的心灵也是不会衰老的。教育工作是富有朝气、充满活力的工作，老师的事业是神圣而崇高的事业。一个真正的老师，对于"高尚"这个词是当之无愧的，因为他把爱心给予学生，并且随时以自己的言行、品格、气质去影响学生，小心塑造每一颗稚嫩、纯洁的心。为了学生，笔者愿意把教坛作为生命的归宿，努力提高自己、充实自己，做学生的良师益友。希望学生们能站在老师的肩膀上，去攀登知识和人生的高峰。

每一位魅力老师的授课都是那么幽默风趣、谦恭随和、引人入胜，他们给予我们启示和启发：要使学生积极、主动地探索新知以及生动活泼地全面发展，必须在民主、平等、友好合作的师生关系的基础上创设愉快和谐的学习氛围。老师只有爱得真切、爱得自觉、爱得投入、爱得有法、爱得艺术、爱得心甘情愿，才能真正使每一位学生都抬起头来学习，从而达到提高学生素质、促进学生全面发展的目的。

第二章

魅力教师之成长篇

在有效实施素质教育中成长

在实施素质教育前，小学数学教学受应试教育的影响，存在着重知识轻能力、重结论轻过程、重智育轻德育、重讲解轻学习、重课内轻课外、重"学会"轻"会学"的现象，束缚了学生学习主动性的发挥，影响了学生个性的发展和创造意识的培养。要克服这些不良倾向而实施素质教育，必须明确小学数学教学的指导思想是着眼素质、加强基础、培养智能、重视德育、发展个性，教学要坚持面向全体学生，使学生全面地、生动活泼地、主动地得到发展，从而学会学习、学会生存、学会做人、学会创造。

一、面向全体学生，使所有学生都得到最大可能的发展

面向全体学生，促进所有学生的全面发展，这是素质教育的一大本质特征。提高民族素质，必须从培养每一个人的素质入手，因为每一个人的素质是民族素质的基础，民族素质是每一个人素质的融合和升华。所以在小学数学教学中，必须面向全体学生，使每个学生在原有基础上都得到最大可能的发展，从而实现全体学生素质的提高。在教学实践中怎样实现这一目标呢？通过开展素质教育，我们深深地觉得，要使教学促进全体学生的最大发展，以下两大教学措施不可缺少：

1. 正确对待学生的个体差异

首先，要相信所有智力正常的学生都能学好小学数学。教学实践表明，数学成绩不佳的学生中，绝大多数都不是由于自身的智力因素造成的，主要是由于他们的非智力因素和教学条件造成的。因此，我们不能把学困生完全归结为智力上的原因。对此，在教学中我们要树立起每个学生都能学好数学的信心，

这是使全体学生得到发展的根本保证。

其次，要承认学生的个体差异。由于每个学生的先天素质和后天影响在事实上存在着一定的差别，这种差别必然要反映在他们在学习兴趣和动机、学习气质和能力、学习方法和习惯等方面。显然，一个地区、一所学校、一个班的学生在学习水平和学习效果上不可能整齐划一。对此，在教学中我们要承认这种客观差异，并以此为依据有针对性地实施小学数学教学工作。

2. 正确处理统一要求与因材施教的关系

从前面的分析我们可以清楚地知道，学生的个体差异在客观上制约着我们的教学，而素质教育的根本目的又决定了我们的教学必须按照因材施教的原则进行。因此，小学数学教学必须正确处理统一要求与因材施教的关系，通过因材施教实现全体学生最大可能的发展。这一措施具体落实于教学实践，要做好以下三方面的工作：

（1）严格按照《课程标准》的规定进行教学，使全体学生都能达到《大纲》所规定的基本要求，确保大面积教学质量的提高。

（2）切实转化学困生。因材施教的关键是解决好学困生问题。因此，在教学中我们要注意采取切实有效的措施帮助他们、转化他们。首先，要关心并鼓励学困生，帮助他们克服自卑心理，使他们建立起学好数学的自信心。其次，应采取一些切实有效的措施辅导学困生，帮助他们尽快弥补知识上的缺漏。辅导学困生既要注意给他们弥补知识的不足，更要注意给他们弥补学习知识的方法，让他们逐步学会学习。另外，还可以降低要求来转化学困生，先要求他们完成《课程标准》所规定的最基本的学习任务，使他们能感受到成功的愉悦，树立自信心，然后再逐步提高要求，从而使他们不断进步，最终跟上全体同学的学习步伐。

（3）鼓励优等生达到尽可能高的水平。首先，要防止优等生产生自满情绪，通过对他们提出更高的学习要求，使其始终保持强烈的求知欲。其次，给他们适当布置一些富有思考性的习题，以拓宽他们的知识面，发展他们的数学才能。

通过上述措施，使全体学生在"上不封顶，下要保底"的目标体系中都能得到最大可能的发展，以此实现素质教育的目标。

二、教书与育人相结合，促进学生全面发展

促进学生在知识、能力和思想品德等方面的全面发展，既是素质教育的本质特征，又是它的一项核心任务。

小学是实施义务教育的第一阶段，是促进学生心理全面发展的奠基工程。在整个小学阶段，小学生数学知识的掌握、数学能力的培养、课业负担是否过重、心理素质能否得到发展等，都直接影响他们个性的发展，对他们的一生均有深远的影响。

1. 增强教书育人的意识

老师要充分认识教书育人的重要性，理解思想品德教育的内涵，有意识、有目的地结合数学教学进行思想品德教育。

首先，老师在数学教学中要增强思想品德教育的意识，提高精神品质素养教育的自觉性。其次，深入挖掘小学数学教材中精神品质素养教育的因素，明确教育的内容和要求。小学数学教材作为融知识传授、能力培养和思想品德教育为一体的综合性载体，本身就具有促进学生全面发展的教育功能。老师可以结合教材的有关内容，适时选择富有教育意义、形象生动的插图，有说服力的数据和统计材料，以及我国数学史上的优良传统等内容，使学生受到爱祖国、爱社会主义、爱科学的教育。例如，可以通过介绍祖冲之在1500年前计算出圆周率π在3.1415926和3.1415927之间，比欧洲早1000年，从而增强学生的民族自豪感和自信心，进行爱国主义教育。

2. 教育中渗透辩证唯物主义观点

由于数的产生和发展依赖于人的实践活动，数学中的一些概念和运算方法与实践密切相关，数学概念的形成不单是由于客观世界本身存在着量的规定性，还取决于人们测量、计量、度量和操作实践，因而在概念教学时密切联系实际，向学生渗透一些"实践第一"的观点。例如，老师有意识地把加与减、乘与除、积与商、正比例与反比例、等与不等、分解与组成等种种联系形象地提示出来或让学生去发现，渗透矛盾的对立统一观点；通过引导学生发现概念之间、公式之间、几何图形之间、量与量之间、比与除法和分数之间等的相互关系，渗透事物之间相互联系的观点；通过"变中抓定""一题多解""多题

一解""一题多变"等训练，渗透事物运动、变化、发展的观点。

3. 培养良好的学习习惯

结合课堂教学，老师要有目的、有意识地培养学生认真的学习态度以及独立思考、不畏困难的精神，养成计算仔细、思考认真、书写工整、一丝不苟、聚精会神、答问井井有条，以及课前自觉预习、课中主动参与、课后及时复习等良好的学习习惯。

三、坚持学生主体性意识，让学生生动活泼、主动地发展

在小学数学教学中，实施素质教育的一个十分重要的问题就是要着眼于21世纪人才素质的要求，在课堂教学中创造条件让学生的主体性得到发展，培养既有扎实的数学基础和较强的适应能力，又有独立的人格和创造精神的开拓型人才。学生是教学的主体。归根结底，学习是学生内部的活动，谁也不能替代。因此，学生最主要的特性是主体性。在教学中，老师一定要时时处处站在学生的角度来思考教学方案，考虑课堂结构，把学生真正当成学习的主人，充分调动学生学习的主动性和积极性，使学生生动活泼、主动、有效地进行学习，让全体学生自始至终主动积极地参与到学习的全过程之中。

1. 尊重学生，建立和谐的师生关系

在教学活动中，只有对小学生热爱、尊重、理解和信任，才能发挥学生学习的主动性、积极性。老师要善于用亲切的眼神、细微的动作、和蔼的态度、热情的赞语等来缩短师生心灵间的距离，使学生获得精神上的满足。尤其是学困生，对他们要少批评多鼓励，从而建立和谐民主的教学气氛，使学生产生与老师合作的欲望。

2. 让学生充分参与学习

在教学中，老师要尽量创设条件，让每个学生都有充分表现自己的机会，让他们积极参与，主动地学习。这样可以使学生暴露自己学习中存在的问题，对一些疑难问题勇于发表自己的见解，一方面让他们加深所学知识的理解，另一方面培养他们的探索精神和独立的个性。

3. 教给学生学习方法，让他们学会学习

要重视学生获取知识的教学。传统的应试教育由于关心的是学生的考试成

绩，所以通常只注重结果。而以提高学生素质为根本目的的素质教育，必须高度重视学生获取知识的教学，让他们在掌握数学知识的同时获得掌握数学知识的方法。对此，有两大措施必须引起老师的高度重视：一是老师要正确再现数学知识的形成过程，让学生根据数学知识发展的逻辑顺序进行再发现；二是要创造更多的机会让学生主动展现获取知识时"想"的过程，以此帮助学生适应认知过程与数学知识的形成过程，使他们从中获得掌握知识的途径与方法。

要教给学生正确的思维方法。如果说学习是一个特殊的认识过程，那么思维则是这个过程的核心要素。显然，要教给学生科学的学习方法，必须先让他们掌握正确的思维方法。其一，要教给学生分析、综合、比较、抽象、概括等基本的思维方法，并让他们逐步学会用这些思维方法解决学习中的具体问题；其二，在解决具体问题的过程中，既要明确思维的起点，又要把握思维发展的方向，使其思维过程能够顺利地进行；其三，严格要求学生，使其学习中能够有根据、有条理地思考问题，使他们的思维能够有序地进行。

四、丰富评价制度

素质教育的评价应当是全面的，不仅要有对学生掌握知识的评价，而且要有对学生思想品德、认知能力和非智力因素的评价等。

1. 总结性评价与形成性评价相结合，尤其要重视后者

由于小学数学具有很强的前后连贯性，利用形成性评价对学习过程进行检测，对学生更有激励作用，也便于及时获得反馈信息，弥补随时可能出现的漏洞，消除隐患，保证学科整体的教学成果。

2. 他人评价与自我评价相结合，注重培养自我评价的能力

通过自我评价，老师可以发现自己的优点和缺点，从而推动教学的改进；学生可以增进自我控制和调节的能力，从而有利于学得主动、学得成功。

老师要提高主体的意识和能力

联合国教科文组织在《学会生存》的报告中说："教育具有开发创造精神和窒息创造精神双重的力量。"因此，我们在每一节课中都要真正尊重每一位学生，不能在数学教育中为学生戴上各种各样的枷锁，让学生有自我表现、施展创造力的空间，真正地成为课堂的主人。因此，应营造轻松的课堂氛围，师生共同享受学习的愉悦。课堂形成接纳、宽容的气氛，师生共同建立互教互学的共同体，使学生能以愉快的心情钻研问题、积极思考、大胆质疑，勇于发表见解。学生在教育中不再是"配角"，而是活动的"主体"。

一、教学中要发挥主体的创造性

1. 主体创造是教学的核心

主体创造是指师生在教育活动中的劳动，是一种智慧型的创造性劳动，而主体创造的结果是否完美，取决于主体结构内在素质以及主体积极性的发挥水平。例如，老师的教学过程就是老师进行创造性劳动的过程，没有创造性也就没有教学特色，也就难以形成自己的教学风格，更无法拥有教学魅力。

老师需要对教材进行创造性地分析和综合，并把它组织成为学生可接受的知识体系，运用老师自身特有的语言风格，准确而通俗地教给学生。针对动态中的教学对象，根据他们的年龄特征和个性差异，用恰当的教学方法激发他们学习的积极性。赋予学生以爱心，把教材的知识结构与学生的认识结构有机地结合起来，使学生在老师的启发诱导下产生强烈的求知欲，自觉地探索知识，获得学习的成功。

2. 工作和学习的愉悦感来自主体创造

正如苏霍姆林斯基指出的那样："认识的愉悦感来源于体验和感受，知识就是我本人的精力紧张施用的结果，是探索和创造的结果，亦即用思维和心灵劳动的结果。"没有学生的创造，学生就无认识的美感可言；没有老师的创造，更无教育之美可言。只有教育过程充满创造性，不断确立和内化提高主体的能力，不断充实师生的生命过程，教育过程优化、合理，师生才能获得过程之美，没有师生的共同创造，便没有教育的美感。

二、坚持学生主体性意识，让学生生动活泼、主动地发展

1. 使学生掌握正确的思维方法

如果说学习是一个特殊的认识过程，那么思维则是这个过程的核心要素。显然，要教给学生科学的学习方法，必须要先让他们掌握正确的思维方法。

例如在教学"三角形的特性"时，有的老师先拿出用三根木条钉成的三角形框架让学生用力拉，怎么也拉不动，学生便对三角形的特性有了最初的感性认识。接着又拿出一个平行四边形的框架，说："大家都知道平行四边形是容易变形的（随手在两对角拉几下），现在我在它的两个对角上钉一根木条，谁再来拉拉看？"学生还是拉不动，老师问："为什么还是拉不动呢？"在变化对比的情景中，使学生进一步认识了三角形的稳定性。最后请每个同学拿出三根小棒（已用它摆过一个三角形），看一看能不能摆成和刚才不同的三角形。学生动手摆完后，老师再引导学生进行讨论"为什么不能"，从而使学生对三角形的特性有了深刻的理解。这样，从演示到实验，从静态到动态，老师讲得很少，只在关键时给予点拨、引导，把学生的思维真正激活了，讨论中大家都争先恐后发表自己的见解，真正调动了全体学生的积极性和主动性，取得了显著的教学效果。

2. 小组学习，培养创新意识

小组学习是一种有效的方式。开展小组"合作学习"，可以创设人人参与的环境，培养人人善问的习惯，激发人人渴求知识的欲望，给予人人成功的机会，使学生在老师的点拨下自觉、刻苦地学习，创造性地完成学习任务，较好地培养学生自主选择和自主发展的能力，培养学生的合作精神，唤起他们

的创新意识。

例如在教学"分类"一课时，老师让学生以四人一组的形式练习，每人都把自己的铅笔拿出来，集中在一起。组内观察讨论：要将铅笔分类，可以怎样分？按什么标准分？有几种分法？学生通过细心观察、积极思考、热烈讨论，一共想出了十几种分法：①按铅笔的颜色分；②按铅笔的长短分；③按铅笔有没有橡皮头分；④按铅笔有没有削过分；⑤按笔杆上有棱没棱分；⑥按笔杆上的花纹分；⑦按有铅笔尖没铅笔尖分……这样，学生在"合作学习"中进行创造性思维，可以较好地培养学生的合作精神和创新意识，同时也激发了学生对数学学习的情感。

3. 学会倾听，提高"合作学习"的质量

学会倾听能使学生博采众长，弥补自己的不足；也能使学生萌发灵感，触类旁通；还能使学生养成尊重他人的良好品质。老师必须有意识地加强学生学会倾听的训练，把训练"听"作为一项常规工作来抓，让学生学会倾听：一要细心，无论是听老师讲课还是听同学发言，都要听完整；二要耐心，特别是当同学的发言有错时，一定要等他把话说完再用适当的方式指出不足；三要虚心，当别人提出与自己不同的意见时，要能虚心接受，边听边修正自己的观点；四要用心，在听取他人意见时不能盲从，做到有选择地接受。"说""听""思"应当并重，相互促进。高效的课堂不但要鼓励学生爱讲，而且要引导学生会听，倡导学生多思。我们追求"合作学习"的生动活泼，不仅是外在的、形式的，更重要的是追求一种内在的、深层次的"思维的灵动"。

教出情趣，师生和谐

情和趣往往是相互伴随而产生的。老师对学生人格的尊重、信心的激励、亲切的笑语、中肯的评价乃至举手投足间的关切，无一不是激发学生学习"内驱力"的有效调控手段。

当前课堂教学改革的关键是彻底摆脱应试教育的枷锁，实现老师教育观念的转变，融洽师生之间的关系，让素质教育走进课堂，使之更具生机与活力，真正实现课堂教学的情趣化，使师生关系和谐发展。

一、创设情境，激发学生的求知欲

学生的求知欲是对学习活动或学习对象的一种力求认识或趋近的倾向，这是学习活动的内驱力，与教育观念和课堂教学情境的创设有着十分紧密的关系。求知欲通常带有浓厚的情感色彩。培养学生的数学学习兴趣，激发学生的求知欲，应从他们的心理发展特点出发。因此，老师在教学中应该为学生营造一种师生心灵相通、民主交往的数学课堂气氛。这就要求老师在创设教学情境上多下功夫，以便让学生愉快地学习数学，只有这样才能真正提高课堂教学效率。

例如在教学"比例的意义和性质"时，笔者让学生带上课本、纸和笔到太阳底下，以实验课的形式进行教学。为使实验进行得顺利些，笔者让一个高个子和一个矮个子为一组，要求学生先看课本，然后让学生讨论实验需要的数据及测量身高和影长的步骤。笔者只是在测量的方法上进行适当的指导。实验结束后，学生讨论测量过程中的得失，随后自己整理实验数据，得出比例的意义和基本性质。整节课既调动了学生的参与性，又充分发挥了学生的创造性，学生的学习积极性非常高。

这种既宽松又和谐的环境不仅让学生掌握了"比例的意义和基本性质"中的基本概念，同时还分散了教学难点，使学生一下子进入了学习的环境。这样教学既符合学生的认识规律，又给学生营造了民主愉快的学习氛围，创设了对知识渴望的学习情境，使学习活动在兴趣盎然中进行。因此，改变教育观念、创设恰当的教学情境是激发学生求知欲的重要手段，是课堂教学成功、充满情趣不可缺少的因素。

二、师生合作，经验分享

根据《数学课程标准》的理念，教学内容选择及安排应密切联系学生的生活实际，遵循学生的认知规律，重视从学生生活经验和已有知识中学习数学和理解数学知识。这就突出了学生这一特殊主体在教学活动中的主要地位。学生的认识是能动的，因此不能用机械化的进程来束缚。

教学是一种师生分享的过程。老师作为教学活动的组织者、引导者和合作者，要善于蹲下来，与学生站在同一高度，观察、分析学生的信息，提取有价值的材料组织教学，而不能以老师的眼光来估计学生。例如在教学"吨的认识"时，老师出示一头大象的图片，要学生猜测它有多重。生1：有100千克；生2：有5000千克；生3：有7吨。老师不紧不慢地在黑板上写了个"吨"字，以商量的口气问学生：是这个字吗？你们在哪里见过？你们知道1吨有多重吗？同学们纷纷说起了自己关于"吨"的生活见闻，学习活动由此有效展开。试想，如果老师听到学生说到"吨"就如获至宝，迫不及待地直奔主题，介绍有关吨的知识，那么就会影响学生经历探索、体验的过程。构建主义学说认为，学生的数学学习是一个主动构建知识的过程。对学生来说，获得数学知识需要经过对知识的再创造过程。学生学习数学的过程不是学生被动吸收课本上的现成结论，而是学生亲自参与充满丰富、生动的思维活动，经历实践和创新的过程。具体地说，学生从"数学现实"出发，在老师的帮助下自己动手、动脑做数学，通过观察、模仿、实验、猜想等手段收集材料，获得体验，并进行类比、分析、归纳，渐渐形成自己的数学知识。

三、拜师为生，教学相长

数学教学是师生双边互动的过程，课堂教学的进程是动态的，自然会发生一些意想不到的情况，了解学生的基础也不例外。因此，要求老师在面对一些特殊情况时能够实事求是，认真分析，以免束手无策。例如，一位老师在教学"时分的认识"时要求学生说一说对钟表有什么认识。学生说："我的钟面有4根针。"老师当场愣住了，显得束手无策。课后，我们访谈了老师。她说：我只知道钟面有2根针、3根针，可从来没有见过有4根针。其实，上课时只要请学生让大家看看他的钟——多了一根闹针，问题就可以解决了。这个案例给我们的另一个反思是，在新的课改浪潮中，老师要不断学习，与新课程同行，与学生同行，才能自如面对日益聪明的学生。

师生间的关系平等了，老师从昔日高高的"神坛"上走了下来，学生的头抬起来了，手举起来了，话也多起来了。他们主动参与、大胆提问，积极性、主动性被最大限度地激发起来。这一切使"为了每一个学生的发展"变为现实，课堂真正成为师生共同学习、成长的天地。

四、拒绝虚情，情感交融

教学是人与人心灵最微妙的互相接触。在课堂教学中，只有师生双方不断地进行情感交流，学生学习的热情才能激发出来。因此，新课程把教学的本质定位为交往。如果老师在课堂上居高临下，动辄训斥学生，必然造成师生关系紧张。如果老师像朋友一样，给学生心理以支持，师生间有了真情实感的交流，充满活力的学习氛围就会悄然形成。例如在"认识物体"的教学课堂上，老师以富有童趣的语言激发学生的兴趣，引导学生对长方形、正方形、圆柱和球体进行初步感知，然后让学生用具体实物拼摆自己喜欢的玩具或物体，老师巡视。一个小男孩磨磨蹭蹭地来到老师身边，拉着老师的衣角。老师停下来，微笑着问这个孩子怎么了。原来他想让老师欣赏他的杰作——一辆"坦克"。老师跟着他走过去，弯下身体，以欣赏的眼光看了看孩子别出心裁的"坦克"，露出由衷的微笑，高兴地说："这个坦克可真威武！还有长长的炮筒呢！"这个学生听了，脸上写满了喜悦与自豪，十分得意地说："我长大了要开坦克，保卫祖国！"老师摸了摸小男孩的头，十分亲切地说："从小有志向，将来你一定行！"

这是令人感动的一幕，老师几句看似平常的话语以及不经意的几个动作，让课堂充满了诗情画意，闪耀着人性的光辉。这里没有居高临下的评判，没有虚情假意的表扬，有的只是师生真情的交流融合，有的只是老师真正的关爱，老师将智慧的甘露滴撒在学生的心灵中。

可见，老师必须真正确立学生是学习主体的观念，要自觉地由教学中的主角转向"平等中的首席"，由传统的知识传授者转向现代的学生发展的促进者。要以学生学习活动为线索设计教学，建立民主、平等、亲密、合作的师生关系，设计充满情趣、发人深省的教学情境，实行民主化、情感化的教学，营造宽松、和谐、活跃、愉悦的课堂教学氛围，提供自由学习的空间，让学生在充分自由、安全的环境中展开自主学习，让课堂教学活动成为一种特殊的社交活动。只有这样，师生之间才能相互理解与尊重、相互信任与接纳、相互关心与支持。

进入21世纪，根据我国《新课程标准》对人才的要求，必须把学校办成真正造就具有时代精神、个性和谐发展的新人的事业。每一位教育工作者应树立现代的、科学的课程观，也就是树立以学生发展为本的课程观，即注重建立全面发展与个性差异相统一的课程。教学中要视学生为独立的个体，注意学生的需要、兴趣、性向，以学生发展为本的课程观主张学校应适应学生，一切以帮助学生个性发展为中心。学习是学生与环境的交互作用、发展创造性的过程。教育者要激发学生主动介入教与学，采用启发、鼓励、疏导等方式，让每位学生的个性心理得到最大限度的发展。优秀老师的经验表明，教育的成功在于以学生发展为本，树立起面向全体学生、对全体学生负责的观念。用师爱、尊重、理解、关心等叩开学生的心扉，走进学生的内心世界，用热情、智慧和心血启迪引导学生，师生间由此产生一种天然的吸引力。

魅力教师之教研篇

第三章

专家引领、同伴互助，推进老师专业发展

在终身教育理念的影响下，从20世纪60年代开始，老师专业化就成了老师队伍建设的世界性潮流。通过专业成长，成为适应时代进步的老师，在为学生提供更好的专业服务基础上提升自己的专业素养，从而更大程度地实现自身价值，这是大多数老师的梦想。

老师工作的地点主要在课堂上，学校既是工作场所，又是终身学习的地方。老师专业发展的需要主要是在学校教学和课堂实践中产生的，课堂既是老师施展专业素质的舞台，又是老师不断获得专业发展动力的源泉。我们认识到，开展教学研究是老师专业发展的主要途径和根本，其中有三条基本途径，即系统地自学、研究其他老师的经验、在教室里检验已有的理论。而这三条途径的核心是校本研修。

校本研修是学校策划、组织、实施的促进老师专业发展和解决教育教学问题，进而促进学校发展有机统一的专业活动。我们把老师专业发展放在第一位，通过校本研修促进生命质量的提升，实现人的发展。

根据系统论的观点，强强联合未必就能产生1+1>2的效果，只有优势互补，形成合力，才能达到系统的最优化。一所学校虽然不可能每一个老师都那么强大，但只要形成团体，互相支持、互相帮助、互相促进，就一定能起到整体大于部分之和的效果。要树立团队精神，以专业引领为手段，以同伴互助为基础，以提升教学质量为核心，以促进师生发展为目的，扎扎实实地开展校本研修，群策群力地抓教学质量，对老师实施以人为本的管理，切实有效地推进老师的专业发展。

一、聚焦课堂教学，开展有效的校本研修活动

1. 制定数学学科的校本研修和教学制度

为了进一步优化教学管理，有效提高教学质量，进一步推进新一轮课程改革，促进素质教育的全面实施，必须结合学校实际情况，狠抓教学常规管理，积极推进新课程改革，努力转变老师的课堂教学行为，全面提高教学质量。为了使教科研工作更加落到实处，使校本研修有章可循，取得实效，拟定《校本研修常规和教学要求管理细则》（以下简称《细则》）就显得尤为重要。《细则》的核心要坚持以人为本，关心老师、尊重老师、满足老师、发展老师，保障老师专业发展的权利，明确老师专业发展的义务。主要内容如下：

（1）认真学习研究《数学学科课程标准》，统一思想认识，坚持以学生发展为本，以提高学生的素质为核心，重视学生的健康发展。

（2）面向全体学生，加强基础教育，有效控制教材的深度和广度，促进学生全面、持续、和谐地发展。

（3）研究教材、分析教材、把握教材，优化课堂教学，提高课堂效率。

（4）充分利用现代化的教学手段，不断提高教学层次和质量。

（5）健全、完善、落实教学常规和管理的评价制度。

（6）建立教学质量分析报告制度，加强教学质量的监控，促进数学学科质量的稳步发展。

（7）坚持把德育放在首位，贯彻德育渗透的精神。

《细则》健全了组织机构，制定了教研常规和教学要求，使数学科的科组管理规范化、制度化，加强了老师的责任心，增大了科组的凝聚力。

2. 专家引领，确立科组研究专题，开展数学学科科研专题研讨与实验

数学是小学阶段的重要科目，数学知识是人们进行各种实践活动应具备的基本知识。为此，在数学科组教科研活动中，必须以科研为导向，以群体科研促教研，以教研促教学，切实推进教学改革。聘请理论和实践方面的专家给予老师专业的指导。在专家的指导下，不仅在课堂实践中给予老师明确的帮助，更应引领老师开展课题研究。每个老师在科组的课题引领下探索有效的数学教学方法，开展数学创新思维研究，从课堂教学出发，收集、研究、论证培养学

生数学思维的新策略。从学生的实际出发，以学生的学习为主体，诱导式地指导学生学习，把学生从被动地接受逐渐转变为主动地探索学习，为数学教学和数学学习探索出既有章可循又灵活变通的教育新模式。

3. 进一步加强教学常规管理，全面提升教育素养

经过专家的专业引领，下一步就要开始寻找校本研修的突破口。可以从老师们最熟悉的、最容易做的事情入手，紧紧抓住老师们天天参与和实践的课堂教学，以观课议课、行动研究、叙事研究作为主要方法实施校本研修。重申狠抓学生的学习习惯，把素质教育认真落实在课堂教学中。明确课堂习惯：培养学生良好的读书、写字习惯；认真完成作业的习惯；学会预习的习惯；多种渠道学习的习惯。要求科组老师把培养学生良好学习习惯的重任担起来。老师要善待每一位学生，加强学生的思维训练，培养学生的创新能力和实践能力。树立以学生为本的教学观念，改革课堂教学结构、教学方法和教学手段，进一步强化质量意识。质量是学校教学的生命线，在改革质量评价方法的同时，切实提高单元质量监测的信度。

二、依托网络研修，为自主学习、合作研修创造条件

校本研修非常讲求团队精神与同伴互助。以往的研修更多的是个体的自我钻研，加上老师的职业特点，老师间的联系沟通较少，缺乏交流。随着信息时代的到来，学生见多识广，变得越来越聪明，也越来越难驾驭，加上学科日趋综合，教材更多地体现老师的创造能力和综合能力。所有这些光靠老师的个人努力已难以胜任，必须加强团队合作、同伴互助与交流，依靠集体的力量、众人的智慧来解决教育教学上的问题，这也是校本研修的基础。

为此，引入网络校本教研很有必要。网络校本研修的好处在于：①网络研修不受时间、空间、地点的限制，可以全天候地进行教研。②老师在网络上议课，讨论教学问题等交流不仅仅局限于校内，而是扩展到校外；不仅仅局限于老师，而是扩展到各界人士。这样，老师们就可以站得更高，用多视角来审视自己的教学实践，反思自己的教学行为。③阅读范围非常广，阅读资料的无限充裕是网络阅读的优势所在。广泛阅读和纵深阅读的主要目的是为了让老师拓展教学视野，构筑广阔的知识背景。网络研修使老师最大化地实现资源共享，

迅捷地了解教育教学信息，真实地进行课堂实录。

开展网络研修的策略是先激发老师们的兴趣，可以先建立学校老师的博客群，给予老师们充分的自由，让他们去认识博客，体验博客所带来的各种感触，知道应该写什么、怎样写。老师充分认识到，网络校本研修是他们减轻压力、缓解情绪、相互了解、增进友谊、开阔眼界、增长知识、专业引领、同伴互助、展现自我、体现价值的一个平台。当老师们兴趣渐浓时，便可进入了第二阶段—专题研究，即围绕教学问题、教材问题、管理问题进行专题研究，基本方式如下图所示。

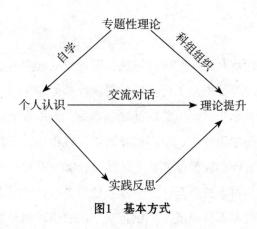

图1　基本方式

由于有第一阶段的铺垫，同时第二阶段是提升老师专业化的关键阶段，所以老师们都很重视、很主动。网络研修能够营造和谐的人际氛围和浓郁的研修氛围。网络研修时，老师们自主地交流共享，而同伴们的关心、支持、帮助和评论，是老师们勤于反思、乐于反思的动力。

积跬步而致千里，展未来豪情万丈。我们深知，所谓成功就是在平凡中的坚持。校本研修使得老师的专业素质得到提高，他们以更饱满的工作热情、更积极的工作态度、更有效率的工作方式投身教育教学活动，学校也得到更好、更快地发展，有效的校本研修能够使老师们形成一个凝聚力强、充满活力的团队。

常规科研与网络教研相结合，
开创老师专业发展的新路向

素质教育的理念富有鲜明的时代特色，对数学的教学内容、教学方式、教学评估、教育价值观等都提出了许多新的要求。如何迎接这种挑战，是我们每位老师每天在课堂教学中必须面临的问题。随着"校本教研"的深入开展和对《数学课程标准》的学习理解，老师们在教学实践中出现了两种较大的心理落差：①课程理念和老师们在教学实践上的落差；②对课程改革的理解和老师们已形成的个人教学风格上的落差。这些落差使得老师在教学中常常处于困惑之中，每周一次的常规校本教研成了"倒苦水"的教研。面对教研活动中出现的困惑、矛盾，我们发现常规的校本教研活动已经无法满足老师表达、交流、求知的需要。老师们需要更广阔、更自由、更及时地与他人交流的空间，以便从交流中获得教学互补和对关注问题的讨论解决。为此，我校在前期探索的基础上进一步深化和扩展，利用网络这一迅捷、广阔的平台，开展网络校本教研活动。

基于"以网络为平台"的校本教研，我们对科组建设有了新的方向与思考：第一是如何把老师吸引到网络上教研；第二是在网络上研什么、如何研；第三是科组长和主管行政者在网络校本教研中如何体现专业引领的作用。经过了几年的探索，我们有了以下的经验，希望以此起到抛砖引玉的作用。

一、如何把老师吸引到网络上教研

为推进网络校本教研的开展，首先要激发老师开展网络教研的兴趣，拉动内需，让全体数学老师积极主动地而非消极被动地参与和介入教学研究。

每个老师建立自己的博客，组成了老师博客群。最初，老师可以随意写自己感兴趣的东西，不限字数，不限时间，可原创也可推荐，让老师逐步接触、认识，适应网络交流。同时，学校管理人员发挥了积极的导向作用，带头在网上整理自己的阅读日志、观察日志和行动研究日志，带动老师相互"串门"，相互对同伴的文章写自己的评论。定期抛出一些有趣的教学问题，供老师们思考，与老师们一起分享其中的乐趣。如果有好文章，老师之间相互推荐、共同分享。

随着学校的不断引导，随着老师对网络教研认识的加深，越来越多的老师参与进来，把网络教研当作一个减轻压力、缓解情绪的空间，把网络教研当作一个相互了解、增进友谊、开阔眼界、增长知识的地方，把网络教研当作一个专业引领的平台。老师们的积极性逐步提升，全体老师都主动地、积极地开展网络教研的思考、写作和交流。

二、在网络上研什么、如何研

1. 老师阅读并在校本教研网上撰写"读后感"，我们称之为"教师阅读日志"

学校为老师推荐相关的杂志和图书，除了阅读文章之外，每个老师选择一本或几本自己最喜欢的书，把自己最喜欢的书作为自己的精神同伴，不断阅读并研究，并整理成"教师阅读日志"。

2. 老师观察并在校本教研网上撰写"观后感"，我们称之为"教师观察日志"

老师们观察课堂教学中的教育现象，把观察到的教育现象转化为研究故事，整理成"教师观察日志"。

3. 老师改变自己的做法并撰写"做后感"，我们称之为"教师行动研究日志"

如果说老师阅读、老师观察的主要目的是为了转变老师的观念，那么老师行动研究的主要目的就是为了改变老师的教育实践。老师个人实践中的研究主要包括三种：①研究教材。老师研究教材，研究自己每天使用的课本。老师把自己如何调整教材、补充教材的过程讲述出来，整理成"教材的行动研究故事"。②研究教学。老师们把课堂教学中发生的"教学事件"或某节课的"课例研究"的过程讲出来，整理成"教学的行动研究故事"。③研究学生。老师研究自己的学生，对每个学生的性格、特点、兴趣、爱好尽可能做到了如指掌。老师把学生成长过程中发生的种种事件讲述出来，整理成"学生成长的行动研究故事"。

三、科组长和主管行政者在网络校本教研中如何体现专业引领的作用

老师在网络校本教研的话题可谓五花八门，只有使老师的教研有共同的话题，才是真正意义上的研究，因共同话题而产生思维碰撞，引起深入思考，才能促进老师专业发展。那么如何有计划、有组织地引导全校老师聚焦"课堂"、聚焦"有效教学"和聚焦"有效学习"呢？

科组长和学校主管行政者作为校本教研的领航者，开始搜寻有助于老师们专业发展的教研问题。在此基础上，我们科组选取了"有效教学"的研究过程为网络校本教研专题。

1. 学习

学校组织老师围绕"有效教学"进行专题学习，阅读相关资料或到专家博客中寻找相关的信息。老师结合自己的经验和体会谈自己对"有效教学"的认识和理解，逐步形成"有效教学"的基本思路或基本模式。

2. 行动

老师们在课堂中运用和实践"有效教学"的基本思路或基本模式。

通过专题讨论、课例研究，我校老师对"有效教学"的内涵有了进一步的认识和理解，逐步归纳出"有效教学"的本质特征和基本模式，逐步形成评价一堂课的基本标准：①有正确的教学目标，学生通过这节课的学习有所进步和发展；②要有充分的准备，即了解学生的知识和能力；③老师能做到科学地根据本班的实际情况组织教学内容；④老师能做到清晰地讲解教材的内容，让学生更容易接受；⑤师生之间保持饱满的热情，有融洽的师生关系，使学生乐学、老师爱教；⑥高效地利用教学时间，做到精讲多练。

3. 反思

老师们反思自己的教学行动，提出进一步完善和改进的要点，再进入下一轮的实践。

在第一阶段对"有效教学"的理解和第二阶段在课堂中运用和实践"有效教学"的基本思路或基本模式的基础上，老师们能经常反思自己的教学行为。如欧晓燕老师在网络校本教研这样反思：

昨天刚听了一节有关探讨有效性计算教学的课例。老师对教材的钻研是很到位的，无论是算法、算理的教授，还是练习的设计，都很清晰，可是在小结的时候没有再次强调"数位对齐"这一难点。

从复习开始，老师已经为例题做铺垫，让学生从对旧知识的巩固迁移到新知识的学习中来。她把"买一套书12本，每本24元，买一套要多少钱"的例题改为图文结合的题："有12辆车，每辆坐24人，一共载了多少人？"由于老师的课件出示是把12辆车分成两排，第一排2辆，第二排10辆，为学生用多种算法解答提供了很清晰的提示。不论是估算、口算还是笔算，都是先算前面2辆车坐多少人，再算后面10辆车坐多少人。

老师本节课对教材的处理无疑为本课的学习重点做了铺垫，既省时也更容易让学生突破难点。

教材是教学的依据，而对需要经过艰难曲折的思维过程才能获得的结论，教材常常以很简单的过程予以呈现，或以"容易看出"等轻描淡写地一笔带过。教材是静态的，而课堂是动态的，这就是要求老师不能只执行教材，而应作为教材的开发者，根据学生现有的知识基础和思维实际，灵活地、创造性地处理教材，努力展现其丰富的过程，使教材成为学生进行有效学习的载体，将静态的被动式学习转化成动态的主动式学习。

这样，整个专题研究就在"学习—行动—反思—再学习—再行动—再反思"的过程中循环，在循环中螺旋上升。

为了提高"学习—行动—反思—再学习—再行动—再反思"的研究效果，我们把重点放在"行动"和"反思"这两个环节。

除了老师的"个人行动"和"个人反思"之外，学校还为老师以"公开课"的方式为老师们及时上传"课例研究"的视频，让老师通过开放的"课例研究"视频互相观摩、相互研讨。

当老师经过"有效教学"的专题式以及相关的课例研究而形成自己的个性化研究课题时，网络校本教研就进入第三个阶段。

第三阶段，打造学科特色，促老师个人专业成长，深化"有效教学"的专题研究。

为了推动课题向纵深的方向发展，学校逐步让老师们以学科为团队，形成具有学科特色的个性化研究课题。

我校数学学科以"传授知识与培养思维的协调统一"为切入口，推动整个数学教学的研究。在科组研究专题的引领下，老师们的行动研究更有针对性和实效性，在网上交流更清晰地显示出自己的学科特色和个人特色。

学科特色：网络校本教研和常规教研相结合成为老师专业成长的一个好帮手，科组老师运用博客不断反思和学习，迅捷地了解教育信息，广泛地与校内外各界人士交流，在博客里畅游，在思考中发现自我，在书写中积累智慧，在博客中提高，在交流中得到成长，形成了与时俱进的学科文化特色。

方宇红老师的个人特色：语言简洁；课堂提问要精心设计；课堂教学简洁、扎实、有效。教得有效，学得愉快。

田海燕老师的个人特色：遵循教学活动的客观规律，以尽可能少的时间、精力和物力，取得尽可能多的教学效果，从而高效地实现教学目标。

唐伟国老师的个人特色：合理处理教材；教学设计遵循学生的年龄特点，及时捕捉课堂教学中生成的教学资源。

四、具体措施

我们学科组很重视资料的收集与积累。主管行政者经常和老师们交流自己的教学心得与体会、思考与思路，推动网络校本教研研究不断地走向深入。学校管理者始终参与校本教研的全过程，除了在网上与老师们一起研讨交流、及时总结外，还以合作者和同伴的身份参与老师们每星期固定的常规教研，与老师们平等交流、研讨。有时面对面的交流时间不够，就在网上继续交流。具体措施包括：

1. 聘请顾问

聘请区教研员为网络校本教研顾问，定期到学校为老师们提供专题讲座，并具体指导我们的教学研究，从而确保校本教研规范、有序、高效地开展。

2. 对老师进行鼓励

鼓励老师之间相互阅读和交流，倡导"看后复帖"。

3. 进行推荐

我们每月从老师的作品中选出好的文章汇集成册，并在网上向其他老师推荐，对这些老师给予物质和精神上的奖励。学科组定期进行教研小结，激励老师持久地参与网络校本教研研究，营造和谐宽松的人际氛围和浓郁的教研氛围。

4. 鼓励老师开设博客

科组组建了适合老师交流的网络教研平台，鼓励每个老师都开设博客。立足于核心（骨干教师），面向全体，老师每周要上网阅读交流和撰写文章，骨干教师至少每两天更新一次自己的博客，老师既可以写自己的文章，也可以推荐他人的文章，鼓励相互交流，让老师个人的博客成为"老师成长记录袋"。

5. 鼓励老师与学生交流

学校通过信息技术课引导中高年级的学生进入老师的博客，鼓励学生通过老师的博客与老师交流互动；有条件的班级则引导部分学生建立自己的博客，让学生的博客成为"学生成长记录袋"。

6. 定期开家长会

学校鼓励老师与家长在网络上交流，定期在网上进行"家长会"，让家长充分发表意见，现场解决教育教学问题。

7. 规范网络交流的呈现方式

建议老师们在网上尽量不使用过于极端的语言，如出现不文明的、极端化的评论，建议老师定期维护和管理。

由于网络教研不受时间、空间、地点、人物、环境的限制，具有自由、开放、民主、迅捷、广阔等特点，老师们都很积极主动地参与网络校本教研。网络教研与常规教研（具有计划性、组织性、针对性、正规化和制度化等特点）构成了我校校本教研的两条基本途径，二者互为补充、相互促进。经过五年的探索和研究，网络校本教研对学科建设和老师专业发展产生了较大的影响。

五、影响

1. 网络校本教研使老师之间相互帮助、加深理解、增进友谊

老师们在网上进行叙事反思，不仅让别人了解、关注自己，而且也让自己了解、关注他人。同事间互相关注、理解和欣赏，彼此加深了友谊和感情。

2. 网络校本教研使老师开阔眼界，共享教育资源

网络的开放性和广阔性使老师们得以与校内外的各界人士进行广泛的交流、探讨，从而眼界大开。

网络教研的虚拟空间使老师的教研更加真实、有效。当老师面对面地交流时，多少会碍于情面，有所顾忌，容易避重就轻，专讲好话。网络教研由于不用"看人脸色"，怎么想就怎么说，交流反而更加真实、可信、有效。

3. 网络校本教研促进了老师的专业化

由于老师们经常在网上围绕问题或专题进行叙事反思，并且能在网上及时得到专家和同伴们的有力支持和帮助，老师们的理论修养、信息技术运用能力、活动设计能力、课堂驾驭能力、职业道德及反思实践能力等都有了较大提高，老师的教育教学水平也相应地得到提升。

博客是老师专业成长的一个好帮手，老师们借助博客进行教学反思和学习，同时进行教学交流和教学资源共享。

4. 网络校本教研使师生关系有了明显的改善

网络校本教研拉近了师生的距离，增加彼此理解和感情，建立了比较平等、民主、自由、互信的师生关系，并由此改善了学生的学习状态和生活状态。

有位老师上课时，学生课堂纪律不好，以致老师要数次停止讲课整顿纪律。课后这位老师就把自己的感受和感想写在老师博客上，本班的同学看到后，触动很大，同学们纷纷跟帖留言，承诺不再违反课堂纪律。类似这样的交流使师生之间增进了理解，加深了感情。

有位老师长期关注本班的一位学困生，并把他的表现、变化和老师对他的帮助与期盼写在博客上，形成"学生成长"系列。当学生看到自己的点滴进步被老师充分肯定，看到老师为自己付出这么多，看到这么多人在关注自己、关心自己，他与家长都非常感动。家长不但主动配合老师教育好孩子，还特意跑到学校感谢该老师。

5. 网络校本教研促进了和谐科组的建设

网络校本教研改变了学科组以往制度化的刚性管理，取而代之的是更加人性化的柔性管理。老师们很容易就在网上看到科组的发展规划，以及其他老师对各种事情的看法，互相了解，拉近了科组老师之间的距离。老师们有什么困难或意见或建议也会在网上反映，学科组尽可能及时地答复或及时解决。老师们感到管理者是可信赖的朋友，学校管理者与老师之间建立了良好的合作关系。

以水样研修实现流知淌智的清水课堂

——以广州市清水濠小学校本教研为例

一、清水教育之意蕴

广州市清水濠小学以"实事求是，善利不争"的精神办教育，清水濠小学的全体师生不断提升"泉润生命"的办学品质，创造"至实至善"的生命价值。我们相信，人拥有水般品性，至实至善，就会不断学习，以韧劲为实，富有生命张力，点点滴滴奔向美丽的远方；教育像水一样，以各种形态至上善行，引导、帮助学生自主发展，各有特点的学生便犹如一颗颗鹅卵石，在水的载歌载舞中更加千姿百态、色彩斑斓。于是，一颗颗鹅卵石也成了水，清澈地洋溢着水的品性、歌的旋律、舞的内涵，快乐地向前奔。

二、清水教育之思路

在传承与创新学校文化积淀的基础上，我们将学校教育哲学凝练为"起于至实，止于至善"的"清水教育"。广州市越秀区清水濠第一小学乃百年老校，原为清水濠四川会馆内私人开设的求是小学，始建于光绪三十年，即1904年。当时的清水濠第一小学场地小，设施简陋，办学却很有特点。一是倡导"求是"精神，即让实在做人、实地做事、实践求索的精神深植帅心，成为为师者的价值取向和行为准则；二是老师敬业爱生，本着有教无类的信念，本着"只要送进炉，就要炼成钢"的信心，真诚地给予每个学生谆谆教诲，循循善诱。新时期，根据学校历史和现代社会对人的发展要求及人性之特点，我们继承、发展、创新学校的"求是"传统，变其为"至实、至善"。

我们以"至实"为校训，就是要培植实在做人、实地做事、实践求索的精神，培养懂得实至才能名归，进而追求做真正看学识、本领及功业的人。"至实"是对"求是"精神的一种继承和发扬。

我们以"至善"为校训，就是要倡导追求真善美的执着精神，培养与人为善、从善如流的人，培养善爱而感恩、善容而大度、善学而全面又富个性的人。这样的人才会立足社会，成就自我。"至善"是对"求是"精神的丰富和发展。

由此，我们提出"起于至实，止于至善"的办学理念，即"清水教育"的学校教育哲学。这一教育哲学喻生命为水，认为人拥有水般品性，则是至实的、至善的；这一教育哲学喻教育为水，认为教育像水一样，以各种形态至上善行，引导、帮助学生自主发展。教育过程与学习过程，恰似那水的载歌载舞，"不是锤的击打，而是水的载歌载舞，使鹅卵石臻于完美"（泰戈尔诗）。

清水濠小学在"起于至实，止于至善"的"清水教育"办学理念引领下，围绕"人人像清水样至实至善"的培养目标，以"办一所有内涵、有特色、有成就的清泉般学校"为发展愿景，秉承"开渠引泉，润泽生命，通达社会"的教育信仰，致力于通过创造"清水文化"，高扬"清水形象"；致力于通过创施"清水研修"，培养"清水老师"，让每一位老师都能"有教无类，循循善诱"；致力于通过创生"清水课程"，成就"清水学生"，让每一个学生都能"从善如流，学思并进"。"清水教育"注重"清润"的特质，使每一个"清水濠人"在文化的浸润化如清水般静听着花开的声音。清水濠小学"清水教育"愿景图如图1所示。

三、清水教育之水样研修

对于"清水研修"的创施，我们以专业引领、研修导行、高效低负为主导思想探索出"清水样"校本研修模式，让每一位老师在研修的过程中像一泓清泉尽情奔腾，在奔腾的过程中洗去铅华和浮躁，变得更加质朴清澈，最终成为善实之师。

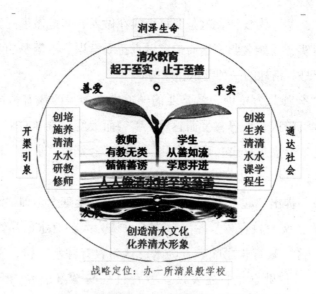

战略定位：办一所清泉般学校

图1　清水濠小学"清水教育"愿景图

在校本研修中，我们以自我规划促使老师在自主学习中成长。我们致力于让每位老师根据自己的专业实情，精心规划个人的专业发展，不好高骛远，只做最好的自己，做一滴清澈的水。

我们引领老师树立"清水课堂"的理念，首先从常态教学入手，研究自己的家常课，及时反思教学和教育行为。我们除了坚持让老师每月发布1—2次网络研修话题，撰写一篇教育教学论文或讲述一个水润学生的故事外，还在教学实践中深深体会到，以教学研究的引领更能有效促进老师的专业技能发展。为了让教学更加平实、真实和充实，形成人人研究教学、争辉教学、竞创成果的研修氛围，我们对科组教研的方式进行了更为实效和具有更深指导意义的改革：让老师集体研究单元检测内容，这一教学研究贯穿于单元教学的全过程。第一步是在单元教学前通过对单元检测点的集体研讨，确定每一个单元准确的教学目标，研究每一知识点所需要的必要的教学准备（前期的知识基础），拟定单元教学的重点和难点；第二步在确定了单元教学的大方向后，老师们通过再次研讨单元检测卷，针对教学重难点所设置的题型、基本内容和特色内容，在教材和教辅材料中寻找对应的题型；第三步根据前期对单元教学的集体研讨，并充分考虑所教学生的学情，预测学生在学习过程中会遇到的困难和错误，制定单元教学方案，设计突破重难点的练习题组，展开有效的教学；第四步是在单元检测后对学生的成绩、错题、重难点题型的准确率进行研究反馈，分析在单元教学中的优势和存在的问题，从而制定后续的教学和辅导方案，为新一单元的教学做好预判和准备。

通过对单元检测内容这四个步骤的研讨，能更好地指引老师准确把握教学的方向和方法。老师们以研究的心态发现教学实践中的问题，并以研究的心态解决教学实践中的问题。在这个集体研究的过程中，老师们积极参与、互相学习、互相促进，专业技能得到了显著的提高。水样研修成为老师的自觉行为，老师在研修中不断地超越自我，稳步提高教学质量。清水濠小学"清水研修"模式图如图2所示。

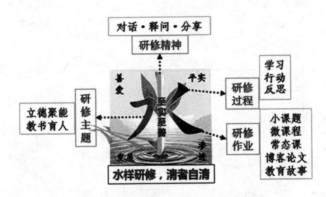

图2　清水濠小学"清水研修"模式图

表1　单元集备记录表

单元：		课时：		教学周次：	
教学目标					
教学准备（知识基础）					
教学重点					
教学难点					

续 表

单元测验卷分析	
针对重难点的题型	
估计学生学习难点	
对应教学点课后题型练习册题型	
教学措施	
教材练习册题型	
练习题组设计	

续 表

研究反馈			
重点题型全对率		难点题型全对率	
错例分析			
后续辅导方案			

表2 清水濠小学（　　）学年度第（　　）学期（　　）年级第（　　）单元水平检测情况分析表

检测时间：　　　　交表时间：　　　　填表人：

班别	人数	平均分	满分人数	A级人数	优秀率	D级人数	合格率
1							
2							
3							
4							
5							
6							
合计							
D级学生姓名、成绩及不及格的原因							
本单元优势							
下一阶段教学的改进方向							

四、清水教育之清水课堂

清水濠小学"清水样"的课堂是什么样呢？这是我们打造"清水课堂"要解决的关键问题。多年的探索与实践，我们构建的"清水课堂"是"实教善学，流知淌智"的课堂。也就是说，清水濠小学的课堂是老师实效教、学生善于学的课堂，教与学犹如涓涓流水般润泽细腻、清新和谐，其所延展的知识是活泼流动的，是不断生成的，并不断地转化为师生读书、做事与为人的智慧。

清水课堂教学评价模式，是抓住课堂三要素"老师、教学过程、学生"，对课堂评价标准进行确定。老师要做到"包容、兼容、宽容"，对待全体学生要包容，对待各种知识要兼容，对待不同观点要宽容。教学过程要体现"浸泡、渗透、自主"，既要让学生浸泡于清水般的课堂中，又要让清水般的课程浸泡学生；既要在课堂教学过程中渗透道德品质的学习，又要在每一次的课堂学习中渗透至善至实的成长目标；既要以自主探究的学习为主，又要让学生能够自主发展。学生要能够"乐学、愿思、肯练"，因乐于学习而学得兴趣盎然，因愿思而学得聪慧机智，因肯练而学得轻负高效。

清水课堂教学评价模式犹如明镜和路标，清晰地指引着清水濠人教学前进的方向和目标，清水课堂中的老师和学生无不彰显出"起于至实，止于至善"的清水文化。有了这一评价模式的引导，清水濠人这股充满生命力的清泉更具活力，汇流成河，向着更高、更远的目标奔腾。

表3　"清水"课堂教学评分表

执教者：　　　　　　班级：　　　　　　课题：

主体	项目	具体体现	评价要求	分值	得分
老师	包容	能宽容待人，对每个学生负责	善待学生，绝不讽刺、挖苦、嘲笑学生，更不能体罚学生	5	
			面向全体学生，提问一定是不同的学生	2	
			老师能尊重学生的观点，学生回答错了也能给予正面鼓励	5	
	从容	有实力，有底气，从容淡定	熟悉教材，知识面广，善于处理课堂中生成的各种教学问题	5	
			能自制教具、课件，较熟练地使用电教设备	3	

续 表

主体	项目	具体体现	评价要求	分值	得分
老师	兼容	兼容不同的思想和知识，具有开放性	教学能否与其他学科知识相结合	3	
			是否讲授了课文以外的知识文化	3	
课堂	浸泡10	课堂充满关爱和民主，让学生浸泡在爱和知识的海洋中	老师进入课堂精神饱满，教态亲切自然	2	
			老师表述清晰、准确，板书工整	3	
			善于创设教学情境进行教学	5	
	渗透	循序渐进，循循善诱，并能够兼顾品德教育	教学目标明确、具体，重难点突出。解决难点的手段多样，照顾了学困生	9	
			通过学生的学习反馈，及时调节教学节奏和方法	5	
			结合课本知识，对学生进行善实教育	3	
	自主	有足够的时间让学生思考、交流和做练习	每节课起码留15分钟让学生思考、交流和做练习	8	
			老师多鼓励肯定，让学生树立信心，培养学生的发散性思维	4	
学生	乐学	学生喜欢该科任老师，学习情绪高涨	学习情绪高涨，积极举手发言，师生关系融洽	5	
			学生通过恰当的学习方式，在多种感官协调的作用下，主动参与知识的获得过程	8	
	愿思	能质疑问题，勇于探索，敢于提出问题	学生思维活跃，联想丰富	5	
			学生具有自己的学习习惯，敢于表达自己的想法	6	
	肯练	愿意用当堂所学的知识解决问题	学生能动手解决堂上练习	7	
			学生能综合运用所学知识和方法，创造性地解决问题	4	
简要评价				总分	

评价者：　　　　　　　　　　　　单位：　　　　　　　　年　月　日

我们从"人人像清水样至实至善"的培养目标出发，以"清水教育"办学理念为指导，把学校课程分为三大类：一是将国家课程和地方课程称为"必清式基础课程"；二是将实施"甜润式德育"的课程称为"甜润式修德课程"，包括水之魂修德课程、竹之诗修德课程、球之韵修德课程、棋之品修德课程；三是将促进学生个性发展的课程称为"自泳式展能课程"，包括二课堂展能课程、清水节展能课程、小水滴展能课程、清水桥展能课程。由此，形成了清水濠小学"清水课程"的整体架构。通过创设这样一个完整而全面的校本课程体系，培养学生至善、至实。清水濠小学"清水课程"架构图如图3所示。

图3　清水濠小学"清水课程"架构图

教学要以学生的健康成长和未来发展为最高原则。最好的教学就是让学生理解和参与，获得发展和进步。老师应当成为明智的指路人，帮助学生学会学习、学会思考。魅力老师能以疑启之，唤起学生学习的主动性；以问导之，培养学生的探究性，注重培养学生的思维能力，鼓励学生在学习过程中发现和提出问题，养成大胆发问的习惯。

魅力教师之教学篇

第四章

分析问题、解决问题、检验回顾

——以《认识时间解决问题》为例谈新教材的解决问题教学

新修订版义务教育数学教材进一步加强了在各个内容领域中对解决问题能力的培养，将培养学生"四能"的教学与各部分数学知识的教学有机地结合在一起。在培养"分析问题的能力"和"解决问题的能力"的同时，增强"发现问题的能力"和"提出问题的能力"的培养。新教材的内容及形式更适合学生，更关注学法、教法的指导，重视解决问题的一般过程，步骤清晰，可操作性强，使解决问题教学和各部分内容有机结合，并提供了教学思路清晰、具可操作性的案例。

新教材循序渐进地给出解决问题的一般步骤，教给学生解决问题的基本方法。教材从一年级上册开始逐步让学生学习并体会要解决一个数学问题所要经历的步骤，即理解现实的问题情境，发现要解决的数学问题（教材一般用"知道了什么"提示）——分析问题从而找到解决的方案并解决之（教材一般用"怎么解答"提示）——对解答的结果和解决的方法进行检验和回顾反思（教材一般用"解答正确吗"提示）。第三个步骤的加入，让学生解决问题的思路更加完整。低年级的学生思维水平较低，很少会主动对自己得出的结论进行反思和检验。《新课标》特别提出，反思能力从第一学段就应着手培养，而这一个小小环节正是鼓励学生及时地进行自我反思。下面以新教材二年级上册《认识时间解决问题》为例，谈谈如何开展新教材的解决问题教学。

一、自主探索，分析问题

呈现如图1所示的情境图，让学生仔细观察情境图，收集整理信息。

图1　观察情境图

师：明明和好朋友芳芳在星期天也有他们的时间安排，让我们来看看吧！

仔细观察，想一想明明和芳芳在星期天是如何安排时间的？

同桌互相讲一讲后汇报：从图中知道了什么？

学生汇报时随机贴信息，老师通过设疑帮助学生理顺事情发生的先后顺序。

对关键的词语（做作业后、还要、做完）和箭头符号以及7:15和9:00两个钟面给予足够关注，落实学生对图意的理解，教方法的同时培养学生仔细观察的能力，如明明做了哪几件事、这几件事情的先后顺序是怎样的、理清顺序的关键是什么等。

出示如图2所示的问题图：他们的周日活动真丰富。咦？芳芳现在有个难题要大家帮忙解决。这个难题是什么呢？追问"可能"何意，学生明晰后尝试独立解答（"可能"是什么意思、读懂钟面的时间）。

明明可能在下面哪个时间去踢球？把它圈出来。

图2　问题图

根据学生的发现板书：

7：15我们在锻炼。   锻炼

我做完作业后才去踢球。   ↓

9：00做完作业。   做完作业

10：30我们还要一起去看木偶剧   ↓

要圈出踢球的时间：7：45   9：15   10：50   踢球

                                              看木偶剧

分析：学生对时间的认识和理解离不开具体的生活情境。由知识的巩固入手，再结合熟悉的生活情境、学生做事的时间先后安排，引入新课的学习。关注学生的生活经验，让学生在贴近生活实际的具体情境中感受时间，通过收集信息，体验事件与时间的关系，逐步建立时间的观念。

二、自主尝试，怎样解答

自主探索：让学生根据这些信息先独立思考，想一想明明可能在哪个时间去踢球？为什么？请在练习纸中圈出来，然后小组同学相互说一说。

展示交流：谁愿意展示自己分析的方法？（学生解决问题的思路只要合理即可）

与学生一起整理思考的过程：

1. 直接推理法解决问题

理清三个事件的先后顺序，再按时间顺序确定踢球的时间范围，寻找答案。从我们收集的信息可知，踢球在做作业之后、看木偶剧之前，也就是踢球的时间应在9:00后、10:30前。那么，从表中列举的连续时间来看，只有9:15符合要求。

结合学生的汇报，展现思路流程图：

锻炼7：15 → 做完作业9：00 → 踢球9：15 → 看木偶剧10：30

2. 排除法解决问题

由于9：00才做完作业，做完作业才去踢球。8：45在做完作业之前，不可能去踢球，这个时间可以排除。10：30要去看木偶剧，踢球是明明在看木偶剧之前的活动，10：50在10：30之后，因此10：50也不可能去踢球。这两个时间都不可能踢球，所以可以确定9：15是踢球的时间。

师：如果让你安排明明踢球的时间，根据已有的信息，明明还可能在哪些时间踢球呢？（让学生对经过时间有一个大概的认识）

分析：鼓励和尊重学生的个性化思考，让学生充分表达自己的意见，以小组交流讨论的形式开展学习，有利于学生在数学活动中相互学习，积累经验。

三、回顾过程，检验解答是否正确

师：我们班的同学真善于思考、乐于学习，根据信息联系事件与时间的关系，采用了推理法和排除法等数学方法帮助芳芳解决了难题，确定了明明去踢球的时间。问题解决后，我们怎样检验这个结果是否正确呢？（板书"？"和"√"）

生：将时间和所发生的事件对应起来，再回到情境图中看看是不是合理。

师：刚才运用有关时间的知识帮助芳芳解决了难题，回顾一下解决问题的过程：先收集整理信息，再根据信息进行分析推理，最后检验答案。在生活中，还有许多问题需要我们运用时间的知识去解决，同学们试着用刚才学习的数学方法解决一下问题好吗？

分析：推理活动强调"步骤完整，理由充足"，考虑学生不同的认知水平和接受能力，提出富有启发性的问题，组织学生自主尝试探索性的学习活动。让学生在独立思考的基础上再相互交流，引导学生通过思考、合作交流学习，激发学生学习的主动性和积极性。

新教材为学生发现数学问题、提出数学问题提供了丰富的素材与情境，培养学生从生活中发现并提出简单的数学问题的能力。使低年级的学生逐步学会用数学的眼光观察周围的世界，发现与数学有关的问题并能提出数学问题。新教材的解决问题教学让学生明确了清晰的解决问题的步骤：①阅读、理解题意，明确信息和问题；②分析问题，提出解决方案；③从问题入手，验证结果的正确性。新教材在问题解决中运用"三步曲"（你知道了什么→怎样解答→解答正确吗）突破了传统应用题教学内容的束缚，很好地培养了学生分析问题、解决问题和检验反思的能力。

创设乐学情境，促使学生主动学习

要使学生主动学习，老师应重视情感教育，精心创设情景，激发学生的学习兴趣。在老师的引导下，学生学会归纳知识，通过自己的思维活动去获取知识。

一、唤起学生求知的欲望，让学生"在乐中学"

"乐学""爱学"是学习的内驱力。当学生对所要学的知识产生了浓厚的兴趣，就必然会主动地学习、积极地思维。因此，在学生接受新知识前，老师应创设情景，激发学生的学习兴趣，使之主动参与学习。例如在教"万位以内数的写法"前，让学生收听电台播音员在配乐声中报道本市去年市区建设的有关数据。播音员宏亮的声音感染了学生，播放完录音后，老师告诉学生："今天的学习任务就是把这些数字写出来，学会万位以内数的写法。"学生急于掌握数的写法，处于最佳心理状态，与老师积极配合，主动学习新的知识。

当学生学习了万位以内数的写法知识之后，老师将写数的法则编成儿歌，让学生唱。学生还当起了"医生"，为老师出示的"病例"查"病因"，进行订正。在老师的指导下，学生在数学游戏的活动中愉快地完成了一节课的学习任务。

二、精心设计练习，使学生保持浓厚的兴趣

例如学生初步了解了面积的含义之后，老师布置一道练习题："下图各个小方格的面积是1平方厘米，请你拼出面积是8平方厘米和12平方厘米的图形各三个。"宣布拼得好的要参加展览，激起了学生极大的兴趣，同学们发挥想

象，拼出了下图所示的图形，有的同学还注明各表示什么。

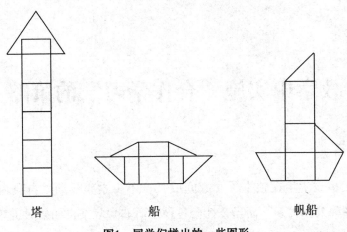

塔 　　　　　 船 　　　　　 帆船

图1　同学们拼出的一些图形

通过练习，学生既陶冶了情操，加深了对知识的理解，又享受了学习的乐趣。

三、引导学生主动探索，让学生"在学中乐"

创设"乐学"的情景，要求老师精心设计教学层次，引导学生主动探索，在探索知识的过程中不断体验成功的喜悦。

根据小学生好奇心强的心理特征，老师创设悬念，设疑启思，让学生带着问题参加教学活动，激发学生多思善想。在学习《三角形内角和》这一知识时，老师引导学生认识了什么是三角形的内角，随后老师提问："三角形内角和是多少度？"学生一时答不出来，悬念产生了。老师先让学生用量角器测量三个内角的度数相加得180度，再启发思考：是不是所有的三角形的三个内角的和都是180度？课堂中同学们认为可将三个角合并，然而怎么合并呢？仍是一个难点。这时，请学生观察老师的演示：将三个内角撕下来，以一个角的顶点为中心将三个角靠在一起。此时同学们从观察中得出结论：三角形内角和是180度。从实践得出结论，学生注意力十分集中，思维极为活跃。接着，老师让学生自己动手撕下三个内角进行合并。尝到了验证知识的"甜头"，同学们还通过折角、量角证实了结论的正确性。在看、剪、拼、折、量角的活动中，学生动眼、动手、动脑、动口，学习了新知识，掌握了新本领，感到学习是饶有趣味的。

教学中实施"合作学习"的策略

我国大多数学生在独生子女家庭成长，不少学生长期以自我为中心，不善于处理各种人际关系。而当今社会各种矛盾非常复杂，如果只讲竞争不讲合作，那就不能形成完整的人格。树立与他人有效的协同工作的意识，是知识技能和行为的重要组成部分。从教学的过程看，要强化学生的主体意识，就要使课堂活起来，使学生动起来，变学生被动地接受现成的结论为主动地获取数学知识，构筑起学生主动交流与合作的课程模式。数学教学中的交流与合作是现代数学教育的精髓。纵观国际、国内的一些成功经验，如斯金纳的"程序教学法"、布鲁姆的"掌握教学法"、布鲁纳的"发现法"等，都体现了数学教学中交流与合作的思想，为课堂教学的改革提供了许多宝贵的经验。

美国心理学家罗杰斯认为："成功的教学依赖于真诚的理解和信任的师生关系，依赖于和谐安全的课堂气氛。""合作学习"课堂教学模式的研究特点之一就是吸收了合作教学理论，在教学中创建"合作学习"小组，充分利用师生、生生、小组间的交往合作进行教学，以达到培养学生合作性品质的目标。

一、构建"合作学习"的理论思考

1. 合作互动原理

现代教学论认为，课堂上的教学活动不仅仅是老师与学生之间的双边活动，还应该包括学生与学生之间交流的多边活动。课堂教学对于学生的个体发展来说，一个不容忽视的优越性就在于学习集体的交互作用、相互影响。应该说，在多数场合，同学间的良好合作、互动胜过个人的努力。合作互动能使学困生学会如何学习，有助于增强集体的凝聚力，改善学习环境，发展学生的良好个性。

心理学研究表明，学生在学校人际关系系统中的地位感受与其学习积极性存在着密切的联系。在教学中建立和谐的师生、生生合作的人际关系，摒弃、排除强制手段，使学生在平等、民主、融洽的氛围中学习，是发展学生个性的必要条件。

因此，提倡"合作学习"的实质是将提高学习质量与改善课堂上的心理气氛、强化人与环境的交互影响联系起来考虑，其目的是为了实现课堂上的多向交流，真正发挥班级授课制群体学习的优势，促进每位学生的主动发展。

一般而言，参与是合作的前提，合作是参与的深化。两者相辅相成、浑然一体，才能将课堂教学的优势发挥得淋漓尽致。

强调合作互动并不是削弱老师的主导作用，相反对老师的教育素养及其主导作用提出了更高的要求。可以说，老师主导作用的最佳体现在于构筑师生、生生之间的合作互动关系，促进多向交流，从而更充分地发挥学生参与学习的主观能动性。

2. 思维激发原理

数学的学科特点决定了数学教学与学习者的思维活动有着较其他学科更为密切的关系，以致习惯上一直将数学学习称为"思维的体操"。其实，数学学习与思维的关系是相辅相成的。一方面，学习数学需要一定的思维能力，否则就无法主动获取数学知识，也难以理解数学知识和运用数学知识；另一方面，学习数学又可以促进思维活动，从而发展学生的思维能力。

著名数学教育家弗赖登塔尔教授认为："课堂上只听老师一个人喋喋不休地讲课，好比单人乐队演奏，无论如何也不能指望他演奏出和谐悦耳的乐曲，久而久之，只能形成一种你讲你的、我说我的，我们井水不犯河水、毫不相干的局面。"数学具有高度的抽象性和严密的逻辑性，一道题学生只能做出结果，但讲不出道理，我们不能说他真会这道题。因此，老师应做到艺术精讲和适当点拨，引导学生互相交流，合作探究明理，把学习的主动权交给学生，鼓励学生大胆发表自己的见解，成为探索知识的"发现者"。"合作学习"的直接效果正是体现在促进思维活动上，使积极、主动、活跃的思维活动贯穿于一节课的始终，这也是提高数学学习成效的关键因素之一。

3. 体验成功原理

每个学生都有成功的愿望，都希望取得好成绩，得到老师的表扬和同学的认可。这与人们追求至善至美的天性分不开。苏霍姆林斯基认为："在学习上取得成功是学生精神力量的唯一源泉，它能产生克服困难的动力，激发学习的愿望。"很多情况下，正是靠着这种愿望的推动，人们才能不断取得自我发展和自我完善。同样，成功也是学生心理发展的需要，反复成功可以提高学生的学习积极性。

在课堂教学中，学习的成功不是老师"推一推"、学生"动一动"的结果，而是学生个体主观能动性与老师、同学的帮助共同作用的结果。合作互动使得学习的内因与外因相互结合，对于学习成功可以起到重要的促成作用。反过来，成功也可以促进合作互动，促进思维活动。学生发展心理学原理告诉我们，学生的需要是不断变化发展的，一种需要满足了，另一种新的需要又产生了。学生正是在满足不断发展需要的过程中逐步获得自身发展。学生一旦体验到了学习的乐趣，自然就会产生获得更大、更多成功的欲望，诱发更为主动的合作参与和更为积极的思维，全身心地投入到学习中去，从而使合作参与意识成为一种持久的、强烈的意识，最终形成自我学习的内在机制。

从上面的阐述可以知道，合作互动原理是本模式的基本原理；思维激发原理反映了数学学科的特征和数学学习的基本规律，使合作互动原理得以落实到数学课的课堂教学活动之中；体验成功原理揭示了合作互动和思维激发必不可少的动力系统及其内驱力机制。显然，这三方面的理论相辅相成，构成了合作互动教学的主要理论框架。

二、"合作学习"的目标和操作程序

1. "合作学习"的目标

"合作学习"的目标是让学生真正成为学习的主体，在学生探究方法、形成技能的过程中培养其主动的合作意识和团队意识，形成积极探索的优良品质，掌握学习数学的方法。

让课堂教学成为教与学多向交流的过程，使学生会交流、会质疑、会借鉴、会合作。

让学生在竞争中学会合作与宽容，学会平等讨论，学习别人的优点和长处。

2. "合作学习"的操作程序

合作教学包括六个基本环节（如下图所示）。

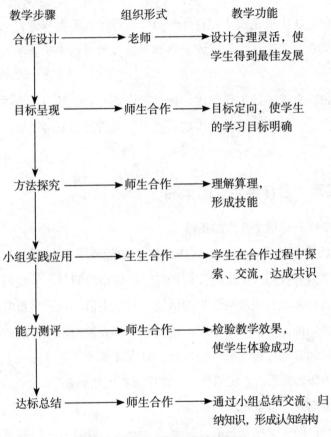

教学步骤	组织形式	教学功能
合作设计	老师	设计合理灵活，使学生得到最佳发展
目标呈现	师生合作	目标定向，使学生的学习目标明确
方法探究	师生合作	理解算理，形成技能
小组实践应用	生生合作	学生在合作过程中探索、交流，达成共识
能力测评	师生合作	检验教学效果，使学生体验成功
达标总结	师生合作	通过小组总结交流、归纳知识，形成认知结构

图1　合作学习教学模式流程图

除基本环节外，可以允许有不同变式，但问题的关键依然在合作设计与小组实践应用上。老师除了要考虑什么学习问题是通过合作和小组活动解决的外，最主要的要考虑学习问题的解决应通过怎样的合作和分组形式，以及小组内如何进行合作去解决问题。

三、"合作学习"的角色分配

现代教学论认为，教学是一种旨在引起学习的师生、生生间互感互动的系统活动，老师和学生是其中两个最基本的动态因素。学生不仅是教学过程中的知识载体，更是教学过程中的合作者、参与者。因此，师生、生生间是否合作，是否和谐，直接影响教学的成败。老师与学生在课堂教学中分演着很重要的角色。

学生角色：学生既是整个"合作学习"过程的主动参与者，又是成功者和创造者，他们在合作交往、询问倾听和动手操作的过程中学会学习，甚至创造性的学习。

老师角色：有效发挥主导作用，通过精讲为"合作学习"提供足够的背景知识和学习方法；运用适当的合作技巧，对学生进行必要的指导，为学生主动学习创造条件。

四、实施"合作学习"的策略

1. 心理交往——铺垫合作的策略

老师应从学生的性格特点、兴趣爱好、潜能特征等方面出发，多角度观察、分析，努力寻找每位学生的"闪光点"。课余时间是与学生情感交流的重要时机，下课后多观看或参与学生的活动，与学生们闲聊，借机听取学生的意见和要求，帮助他们解决一些学习上的问题，培养他们树立正确的动机、浓厚的兴趣、坚强的意志及独立思考的性格。只有这样才能形成充满人情味的、和谐的、合作的师生关系，才能铺垫"合作学习"的情感基础。

2. 潜心设问——引发合作的策略

所谓潜心设问，是指问题的设计要新、要奇，要具有一定的挑战性。若让学生简单重复已经学过的知识，或让学生去解过分难的、力不能及的问题，学生则会失去兴趣。精心设计、创设问题情境，激发学生的学习兴趣，是实行师生"合作学习"的关键。将学生带入问题的情境，使他们一开始就具有浓厚的兴趣和求知的欲望，把老师的教与学生的学自然而有机地结合起来。

成功的课堂教学要适时地向学生提出问题，激发学生的兴趣，培养学生分析和解决问题的能力。老师设问时不能盲目地处处设问，要针对教材中的重、难点和关键进行设问，牵一发而动全身，进行突破。如教学"圆锥的体积"一课时，笔者先让学生看电脑屏幕演示：一个木匠把圆柱削成一个与这个圆柱等底等高的圆锥。笔者设计了这样一个问题："削成的是什么形体？你想知道它的体积怎样计算吗？"通过设问将学生带入问题情景，激发其浓厚的兴趣和求知的欲望。然后说明以小组实验操作为主要的学习方法，引发学生"合作学习"的强烈愿望。

3. 疑议结合——展示合作的策略

在学生的精神世界里，有一种根深蒂固的需要，就是希望自己是一个发现者、研究者、探索者。在教学过程中，老师精心设置疑虑情境，通过质疑、释疑来引发学生的探索欲望，从而形成教学的高潮。"疑议结合"使学生成为发现者，满足了他们希望探索的需要，同时使师生间的合作表现得淋漓尽致。如教学"圆的周长"一课，在学生掌握用绳测法和滚动法测量圆周长和发现圆的周长与直径有关的基础上，笔者组织学生以小组为单位进行操作实验，分别测出三个直径为5厘米、10厘米、20厘米的圆的周长和直径的长度，并完成下表：

表1　关于"圆的周长与它的直径的关系"的实验报告

周长C（厘米）	直径d（厘米）	C/d的比值（保留两位小数）

学生人人动手，合作实验探索，使听觉、视觉、触觉等各种感观一起参与活动。完成上表后，由于表中的数据比较简单、特殊，学生通过观察、分析、思考、议论，得出"圆的周长总是直径的3倍多一些"这个结论。但这个比值到底是多少呢？为什么这个比值会固定不变呢？对于这些问题，以学生现有的水平还不能理解，因此接下来他们会特别认真地听老师介绍"圆周率"的意义与小常识。这样的学习学得活、记得牢，既发挥了老师的主导作用，又充分调动了学生主动参与合作的主观能动性，密切了师生、生生之间的合作，有助于满足学生的好奇心和冒险精神，从而有利于创造性学习。

4. 学用综合——密切合作的策略

"应用功能"已引起广大教育工作者的重视，培养"用数学的意识"已成为每个数学老师的实际行动。著名教育家陶行知先生就教育与生活的关系指出："行是知之始，知是行之成。"表明了"行——知——行"这一辩证唯物主义的认识论观点。

指导学生解决实际问题时，要留给学生思考与合作交流的时间。学生用数学不是靠老师"教会"的，而是学生"想懂"的。古人云："授之以鱼不如授之以渔。"老师包办得越多，学生依赖性越强，又怎会"用数学"呢？例如在学习了百分数应用题后，出示这样一道练习题：某电视机原价1500元，先涨价20%，后又跌价20%，现在售价多少元？此题可以充分发挥学生灵活运用数学知识解决问题的能力，有助于经济效益观念的培养，应该让学生充分思考，合作解决。用数学知识解决身边的实际问题，学生看得见、摸得着，学习的兴趣高，不仅有利于数学教学质量的提高，又能进一步密切师生之间的关系，可谓一举两得。

5. 思维暴露——催化合作的策略

在教学活动中，师生双方要尽可能多地暴露思维过程。老师将自己处理问题的想法展示给学生，便于学生深层次地理解与借鉴；学生将自己认识问题、解决问题的思维过程曝光，便于老师反馈评价与采取针对性措施。这种师生之间的思维暴露，有利于发展老师的"教"和学生的"学"。

在课堂教学中，老师要给学生创造民主气氛，鼓励学生把自己的观点、想法讲给同学听，让其他同学进行评价，加强学生间的交流，使他们互相学习、共同提高。

例如教学"三角形内角和"时，当学生提出猜想并验证三角形内角和就是180度后，可设计几个问题：把一个大三角形分成两个小三角形，每个小三角形内角和是不是"180度除以2等于90度"呢？把两个小三角形合并成一个大三角形，这个大三角形内角和是不是"180度乘以2等于360度"呢？为什么？问题提出后，学生经过讨论，老师先请学困生回答，并说出理由，其他学生边听边想，这样既能使学困生积极参与，又能使学优生的能力得到培养。接着，老师又提问："把一个三角形截去一部分，使剩下图形的内角和等于180度，有几种截法？"老师让学困生回答，让学优生评价。这样，学优生带动学困生创设了学生合作的氛围。此时，学困生讲错能得到及时纠正，讲对亦能得到肯定，从而体验成功的喜悦，进一步树立学习的信心。这便是学生合作互动的过程，不仅锻炼了学生互动学习的能力，同时让学生学会听同学发言，学会参加讨论，学会善于表达自己和听取别人的意见。

6. 课外活动——延续合作的策略

学生的负担逐步减轻，纷纷要求参加数学课外活动，笔者因势利导，组织学生开辟数学园地，内设"小经验"——由学生自己介绍学习心得；"回音壁"——由老师或学优生向学困生解答疑难问题，对学困生进行个别辅导，形式灵活，调动他们学习数学的兴趣；"问题征解"——让学生有展示才华的机会，师生共同钻研和解答疑难的数学题或有趣的计算题。在师生的共同配合下，大大提高了学生的数学素养，创造性思维有了质的飞跃，充分体现了"合作学习"的成果和意义。

我们还可通过课堂教学对第二课堂进行指引，把课堂上的合作互动延续到课外。如教完"圆锥体积"一课，笔者除了布置两道必做题，还设计了这样一道选做题："要在我们的课室里放一个尽可能大的圆锥体，该怎样放呢，它的体积是多少？你们要知道些什么数据。看看哪个小组的空间想象力最强。"（注："圆锥体积"一课以小组教学的形式进行）这样的作业层次分明，既能减轻学生负担，又能让学生自主学习，体现课结束、趣犹存。同时，课外作业仍以小组"合作学习"为主，不仅能因材施教，还能通过小组内学优生带动学困生的学习积极性，使"合作学习"得以延续。

五、"合作学习"的教学评价

为了使教学模式进一步完善，促进模式的实施，笔者制定了《小学数学课"合作学习"课堂教学质量评价表》，以便老师在模式实施中及时反馈和总结，进一步提高数学课的教学质量。

表2 小学数学课"合作学习"课堂教学质量评价表

评价项目		权重	评价要素		等级				分值
			老师	学生	A	B	C	D	
导入	准备	10	做好知识铺垫，诱发合作意识	激活原有知识，引起注意期待					
	揭题	10	创设问题情境，诱发合作探究欲望	初步感知问题，引起认知冲突					
探究	探索	30	点拨、启发、引导，促进群体合作	主动参与、乐于尝试、勤于思考、积极交流					
	归纳	10	修正、完善方法，展示合作成果	总结方法，表达不同见解					
运用	巩固	20	反馈、调整，因材施教，密切合作	练习掌握、合作检查，内化获得成功体验					
	深化	20	沟通各种知识联系，延续师生合作	深入理解知识，形成认知结构					
教学特色		具有个人教学风格，基本功突出，坚持个人表现与小组合作相结合，可酌情加分							
扼要描述						总评			

让数学更贴近生活

——教学个案透析

教学内容：认识轴对称图形

教学片段一：

展示课件：画面上有漂亮的红枫叶，蝴蝶、蜻蜓落在叶子上，翅膀大小一样，可以完全重合。

师：同学们，看一看这个画面，你发现了什么？

生1：蝴蝶很美丽。

生2：它们的翅膀会动。

生3：蝴蝶、蜻蜓都会飞。

师：还有不同的发现吗？

生：花纹上有很多颜色，它们在树丛中做游戏。

老师的等待没有如愿以偿。对低年级学生来说，蝴蝶、蜻蜓给他们最深刻的印象就是美丽、漂亮、会飞，要发现"对称"的确不容易。

教学片段二：

删去现代化教学媒体，把原来的"看一看"改为"折一折"，使"对称"的特点变成真实可感触的东西，让学生实践操作、自主探索、切身体验。

老师采集了一种对称的小叶子发给学生。

师：同学们，你们见过这片叶子吗？

生：见过。我家门前的绿化带里有；校园的花圃里有；回家的马路边也见过……

师：这么熟悉的东西，你有什么新的发现吗？

生1：我发现叶子边上有牙齿。

生2：我发现有叶脉。

生3：沿着中间的叶脉一折，两边大小一样的。

新知识初露端倪，在学生3的启发下，许多同学也禁不住对折一下。真的，沿着中间的叶脉左右对折，两侧完全重合。接下来，让他们观察教材提供的蝴蝶、蜻蜓，学生纷纷展示"新招"，发现蝴蝶、蜻蜓的翅膀也是左右一样，能完全重合，这时引出"对称"也就水到渠成了。

反思：

数学来源于生活，生活中处处充满着数学。正如《数学课程标准》所指出的，教学中要创设与学生生活环境、知识背景密切相关的，又是学生感兴趣的学习情景，让学生在观察、操作、猜测、交流、反思等活动中逐步体会数学知识的产生、形成和发展的过程，获取积极的情感体验，感受数学的力量。

我们要把数学知识和学生生活实际紧密地联系起来，创设数学问题情景，让学生根据各自的生活经验，亲身体验发现数学问题的过程，从而激发学生学习数学的兴趣，提高学生主动参与的积极性。教学片段一仅提供了蜻蜓、树叶、蝴蝶的实物图让学生观察，以分析它们共同的特点，再引出"对称"的概念。但对于二年级学生来说，靠仅有的知识是无法把这些实物图内在的联系分析出来的，他们能找到的共同之处就是会飞，除此之外，仅凭观察实难分析"对称"的特点。在教学片段二中，一片小小的树叶取之于学生的生活环境，绿化带、花圃里、回家的路上，学生见过、摸过，是非常熟悉的事物，学生觉得亲切、好奇——难道这么普通的叶子里蕴涵着新知识？所以他们在好奇心的驱使下，仔细观察、操作、猜测、讨论、交流，当有人发现"沿着中间的叶脉左右对折，两边大小一样"时，禁不住一起验证。这时，他们深深体会到数学存在于我们的身边，存在于熟视无睹的事物当中，需要我们学会观察、学会发现。不仅书本里有数学知识，校外广阔的世界中存在着更多的数学知识。

通过练习提升学生解决问题的能力

解决问题教学是小学数学教学的重点，是培养学生逻辑思维能力的最有效途径。学生解决问题的过程，实质上是分析、综合、抽象、概括、推理等一系列复杂的思维活动过程。解答应用题，尤其是复合应用题，需要学生进行多重分析，必须具备多方面的能力。从解决问题的过程分析，练习课中应注意培养学生以下几方面的基本能力：①审题的能力；②抽象概括（形成数量关系）的能力；③提出过渡性问题的能力；④列式计算和验算的能力。

审题是解决问题的关键，不弄清题意就无法做出正确的判断，老师要通过应用题练习使学生能从较复合的叙述语句和问题中，用语言文字表述出一个等量关系式。这是理清条件和问题的第一步，也是审题的第一步。再以数量关系式为解题的主要思路，抓住这一主线提出过渡性问题，从而让学生满怀信心地找出相对应的条件，列式计算出结果。

一、培养学生列数量关系式的策略

1. 结合铺垫进行培养

教育心理学研究表明，学生在学习新知识时，如果认识结构中缺乏适当的旧知识作为同化知识的"固定点"，新旧知识就不能互相联系和作用。这时，老师要设计一个先行的"连结点"，使它具备说明认识结构中的观念，并清楚地表明它和新知识具有必然联系的特征，以便在新旧知识之间架起一座"桥梁"，以利于提高认知结构以及同化新知识的能力，顺利地完成把教材的知识结构转化为学生的认知结构的任务。

例如在教学工程问题时，由于工程问题比较抽象，学生往往感到不易理解。为了便于学生掌握，教学前可通过设计以下问题进行铺垫：①一堆煤重50吨，每天烧5吨，可以烧几天？②一条路长1500米，由甲队修需10天完成，由乙队修需15天完成。如果两队同时修需几天完成？先让学生用整数方法解答，再说明其数量关系。老师板书：

① 50   ÷   5   =10（天）

② 1500   ÷ （1500÷10＋1500÷15）=6（天）

      ↓   ↓   ↓

   工作总量   ÷   工作效率   =工作时间

这样，结合铺垫不仅复习了整数问题的数量关系式，搭起工程问题的基本框架，而且培养了学生的抽象概括能力。

2. 结合讲授新知进行培养

根据教学内容和学生的特点，老师应采取灵活多变的教法，引导学生概括数量关系。可在老师讲解后组织概括、在老师利用教具演示后组织观察概括、在老师组织学生操作或讨论后引导学生概括、在组织学生看书自学后概括等。

在指导学生解决问题时，老师应要求学生手脑并用，做到边读边画、边思边批，养成细读勤思的习惯。例如：

商店原来有74千克水果糖，又运来25千克，卖了一天后还剩63千克。这一天卖了多少千克？（列方程解答）

读：认真读题，弄清题意，能说出题目讲的是什么事。

画：自定一些画批记号，如在上题的条件下面画"—"、问题部分画"～～～"、关键词语下面画"·"。

思：根据题中数量关系，思考解题方法，即把问题看为已知条件，寻找等量关系，组建方程。

批：把关键部分以及算理、算法批注出来。

即：原有的千克数＋运来的千克数—卖出的千克数=剩下的千克数

         74   +   25   –   X   =   63

3. 结合巩固练习进行培养

练习是小学生学习和巩固数学知识的重要途径，在数学教学中占有一定的比重。新授过程中有练习，巩固新知时也有练习。在针对某一知识块设计练习时，从涉及的知识点到练习的形式要尽量全面。

可以通过以下四个方面练习，培养学生把数量关系从应用题中抽象出来：

（1）把算式题表述成文字题。每一个式题都有不同的表述方式。在表述中，培养学生数学语言的表达能力和想象力，充分利用式题进行口述，发挥学生的思维能力，让学生在口述式题的含义中训练数学语言。例如，算式题"76－43=？"就有如下的口述形式：①被减数是76，减数是43，差是多少？②76减去43得多少？③43比76少多少？④76比43多多少？⑤一个数与43的和是76，求这个数。⑥比76少43的数是多少？⑦一个数比76少43，求这个数。通过这样的口述，既培养了学生的口头表达能力，又训练了数量关系的表述能力，还使学生的思维得到了发展。

（2）把解决问题表述为文字题。简单的解决问题是由文字题扩充而来的。反之，将解决问题抽象后便成了文字题。例如："同学们去菜园劳动。除草的32人，浇水的15人，除草的比浇水的多多少人？"用数学语言将它表述为："求32比15多多少？"这种训练必须持之以恒，老师应多加指导、点拨，才能较好地训练学生的数学语言。

（3）更换解决问题中问题的表述形式。这种训练必须使条件和所列的算式不变，用不同的表述形式表述同一个问题。如前面那道题还有如下的问法：①浇水的比除草的少多少人？②浇水的人数添上几人就和除草的一样多？③除草的人数去掉几人就和浇水的一样多？等等。表述的形式虽然变了，但其本质没有变。小学生的思维能力和应变能力都比较差，有相当一部分学生由于问题的形式改变了就束手无策。为了克服这种情况，应从数学语言上多下功夫。

（4）掌握名词术语。在小学数学教学中，特别是解决问题的教学中，掌握名词术语尤为重要，这是分析数量关系的关键。如"增加与增加到、减少与减少到、提高与提高到、增产与减产、下降与下降到"，还有"是、比、占、相当于"等关键性词语，必须指导学生熟练掌握，弄清其在文字题和解决问题中的含义，对解题有很大的帮助。

二. 教学中培养学生列数量关系式的具体方法

1. 说话训练

（1）说完整的话。小学低年级学生语言表达不完整，在教学中要注意学生说的每一句话，严格要求学生用完整的话回答老师提出的问题。

（2）复述计算过程。在计算教学中，应重视计算过程的复述，这样不但巩固了算法，更重要的是提高了学生的语言表达能力。

（3）口述解题思路。口述解题思路是发展数学语言的重要手段。学生在口述解题思路时，一方面要根据题意确定解题策略，另一方面要组织好语言，并有条理地表述出来。例如，张庄要修7000米长的水渠，已经修了5天，每天修600米，还差多少米没有修完？让学生口述："要修的米数减去已经修的米数，就是没有修的米数。用每天修的600米乘已经修了的5天，就可以求出已经修了3000米，用要修的7000米减去已修的3000米，就求出了还差4000米没有修完。"

2. 编题训练

（1）补充条件或问题。老师给出一个条件和一个问题，让学生补充另一个条件，或者给条件让学生补充一个问题的训练，都限制了语言材料，须根据指定的思路去组织语言，有助于提高学生在不同的语言环境里应用确切语言表达的能力。

例如，食堂原有大米50千克……食堂现在有大米多少千克？学生可以补充：①现在又买来大米75千克；②已经吃掉大米30千克；③现在买来3包大米，每包50千克。

（2）看图编题。数学图形用简练的语言和图把数字问题直观地展示出来，学生看图编题能有效地丰富数学语言，提高表达能力。

例如，看图1编一道应用题。

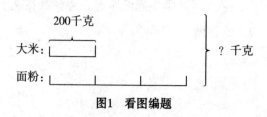

图1　看图编题

学生很容易编出：一个商店运来大米200千克，运来的面粉是大米的3倍。运来大米和面粉一共多少千克？

（3）根据算式编文字题。老师提供一个算式，让学生编文字题，学生的思维活跃，叙述形式多样，并且还进一步加深理解了四则混合运算的意义。例如，根据（8726–4398）÷4编一道文字题。学生编出：①8726减去4398的差除以4，商是多少？②用4去除8726减4398的差，结果是多少？③把8726减去4398的差平均分成4份，每份是多少？④8726减4398的差是4的多少倍？

3.填写思维分析图的训练

在解决问题教学中，让学生经常填写思维分析图，能发展学生的数学语言理解数量关系，提高分析解答应用题的能力。

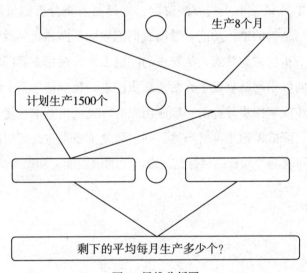

图2　思维分析图

4.填写具体数量关系式的训练

分析数量间的关系是解答应用题的关键。在低年级有些老师过早地把十一种简单应用题的数量关系式抽象概括出来，让学生死记硬背"每份数×份数＝总数"等关系式，学生对每份数、份数和总数不理解，在解答复合应用题时，解答数量关系交叉重复出现，学生很难分清。如果经常让学生填写解题的数量关系式，有助于丰富学生的数学语言，理解各种数量间的关系，提高解答复合应用题的能力。

例如，把下列的数量关系式补充完整：

① 全校总人数 〇 班级数=_____

② 每天做的零件个数 〇 _____=零件总个数

③ _____ 〇 筐数=每筐苹果的千克数

④ _____+_____=要修的路的总千米数

5. 缩句训练

在文字题的教学中，笔者经常采用缩句的方法，把文字题减缩成一个含有文字和数字的式子，然后再列出完整的算式。例如，68.5与18.5的差除以5，再加上7.8，和是多少？减缩成差÷5+7.8，把差补出来，就是一个完整的算式。这种训练有利于培养学生的概括能力。

用列出基本数量关系式的方法解题，好处是着重分析数量间的关系，便于发挥解决问题结构的整体功能，帮助我们把实际问题转化为数学问题，或者把数学问题进一步抽象为算式。从要求的问题出发，根据主要问题列出关系式（使实际问题向数学问题靠拢），便于逐步推求，特别便于列出综合算式或方程。在解两三步或三四步计算的一般应用题时，先列出基本数量关系式，可以确定解题方向，降低解题难度。当然，列出数量关系不过是解决问题的一种手段，进行解决问题练习的最终目标是提高学生的解题能力和思维能力。

发挥表象的"桥梁"作用

——以《圆柱体表面积计算》教学为例

从形象具体到抽象概括是认知的一个飞跃过程。这个过程如果缺少过渡的媒介，小学生的思维就容易间断，产生断层。表象，是对感知过的事物形象的反映，是从具体感知到抽象思维过渡的桥梁，又是从形象思维向抽象思维转化的枢纽。教学过程中若能充分发挥表象的"桥梁"作用，便可以有效地克服学生在思维中出现的断层。

对于教学比较抽象的教学内容，大多数老师采用先出示模型，再出示图形，接着借助图形分析，得出结论，借助表象来实现从形象思维向抽象思维过渡。这种教法往往容易忽略一个十分重要的思维环节——表象活动过程。用这种教法教出来的学生，其头脑中只有模糊不清的表象，而我们所需的却是十分鲜明、非常丰富、相当稳定和具有优良品质的表象。下面以"圆柱体表面积的计算"教学过程来说明。

笔者在教"圆柱体表面积的计算"时，考虑到由于学生刚接触立体图形，空间观念较为薄弱，很难正确地抽象概括出圆柱体表面积的计算方法。所以笔者在教学时，通过下列过程让学生建立圆柱体实物、模型等表象，以发展其空间观念，形成正确的概念。

首先，老师请同学们摸一摸自己课前已制作好的圆柱体模型，思考它的表面积包括哪几个部分。接着，要求学生把展开的纸板重新围成圆柱，再拆开并展开。这样反复操作几次，学生边动手边说出原来的表面积相当于展开图形中的什么。随后，老师要求学生把模型放在课桌里，问："你能边想边说出刚才的话吗？"学生纷纷回忆之前的操作过程，说出圆柱的表面积是展开图形中的什么。老师先示范，然后请同学们画草图表示圆柱体及其展开图，如下图所示。

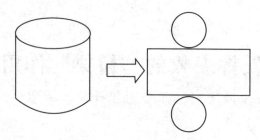

图1　引导学生画出圆柱的视觉图和展开图

画出草图后，老师说："如果给出圆柱的底面半径5厘米，高15厘米，如图，求出它的表面积。"由学生独立完成，学生列出算式。

最后老师把图形擦去，请学生说一说算式的意思。虽然实物已收起，图形被擦去，但学生头脑中已形成清晰的表象。当学生讲算式的意思时，头脑中再出现表象，凭表象思维。

通过这短短的教学片段，实际上总共出现了三次表象活动，其过程可以达到：

1. 观察感知，形成印象

让学生观察圆柱体的形状、大小，用手摸一摸，想一想它的表面积包括哪几个部分。这样在拿走模型前，通过"操作"可以进行有意义的记忆，建立起初步的表象。

2. 发展想象，建立表象

拿走模型后，通过"画图"帮助学生回忆，唤起表象，从而形成稳定鲜明的表象。

3. 言语操作，再现表象

擦去图形后，通过"说明"算式的意义来强化表象。学生在老师的引导下，有意识地进行有目的、有序列的智力操作，使生动的思维全在内化成分的基础上进行。因此，学生不仅可以获得丰富的表象，而且可以适时摆脱对直观的依赖，更好、更快地发展智力。至此，圆柱体的表象深刻地建立在学生的大脑中，可随时回忆和再现。有了这个表象，在计算圆柱体的表面积时，学生不仅可以清晰地想象出圆柱体的每个面及其面积的计算方法，而且在体积概念的建立和圆柱体体积计算公式的抽象概括中，也有十分重要的中介作用。圆柱体的表象对于学生今后的学习，起着重要的"桥梁"作用。

通过计算练习课进一步培养学生的数感

在教学时，应通过解决实际问题进一步培养学生的数感，增进学生对运算意义的理解；应重视口算，加强估算，鼓励算法多样化；应避免繁杂的运算，避免将运算与应用割裂开来……这是《数学课程标准》中对高年级学生计算能力的要求。根据这一要求，对于高年级的数和数的运算要在正确的前提下，达到迅速、灵活的目的。为了迅速提高高年级学生的数感，在计算练习课中务必在学生熟练掌握基本的数学概念和法则的同时，抓好五个方面的训练。

一、通过计算练习课加强口算训练，重视估算训练

口算是笔算的基础，是训练思维敏捷性的良好手段，具有花时少、容量大、形式活、速度快的特点。因此在练习课教学过程中，不论是哪个年级都必须按各年级口算训练的要求，严格地、经常地对学生进行训练，做到"拳不离手，曲不离口"，使之熟练生巧、巧中求快。有些老师缺乏对口算的认识，忽视口算教学，降低教学要求，在练习课中把一些口算题当作笔算题。特别是低年级的一些计算题，大多是脱口而出的口算题，有的老师却让学生慢慢笔算。这种不管学生用什么方法计算，只要得数正确的要求，使得学生从低年级就失去了口算能力，到了中高年级必然算不快、算不准。为了解决这个问题，所有小学数学老师都必须从全局出发，加强口算训练。高年级除完成本学段的口算任务外，还要结合教学加强一些基本口算训练，促使高年级学生的数感得到进一步提高。在高年级的复习阶段每天都要进行10—20题的限时口算训练，提高口算的准确率和速度。

估算在实际生活、生产中是经常用到的。在估算中，要仔细观察数据的特

点，选择估算的方法，还可以将估算结果与精确计算的结果相对照。这样做有利于学生的智能向更高层次发展。

二、通过计算练习课帮助学生熟记常用数据

在四则混合运算中，如果学生能熟记一些常用的数据，较好地掌握解题的技能和技巧，有助于学生的计算能力达到"正确、迅速、灵活、合理"的要求。为此，在小学高年级的练习课中，应要求学生熟记以下一些数据：①一些能化成有限小数的特殊分数值，如 $\frac{1}{2}$、$\frac{1}{4}$、$\frac{3}{4}$、$\frac{1}{5}$、$\frac{2}{5}$、$\frac{3}{5}$、$\frac{4}{5}$、$\frac{1}{8}$、$\frac{3}{8}$、$\frac{5}{8}$、$\frac{7}{8}$、$\frac{1}{20}$、$\frac{1}{25}$ 等；②一些常用的数的平方和立方；③Π 到 9Π 的积；④在四则运算中关于0和1的运算，有一些特殊的规定。

如果学生能熟记以上一些数据，再适当教给学生一些运算技巧，对一些较复杂的计算题就可以化难为易地计算了。

三、通过计算练习课养成良好的计算习惯

数值计算有一定的艰巨性，内容枯燥，情况复杂，一步有误，全盘皆输，没有坚强的意志不能成功。因此在练习课中，不仅要培养学生的计算能力，还要注意培养学生良好的计算习惯。如要求学生对计算要有责任心；计算前要充满信心，善用估算；计算中要细心，每一个符号、数据、算式都按规定写清楚，每一个变形、每一步推理都要有根有据；并且要有耐心，一道算题做不完、做不对决不罢休，算出结果后，还要选择适当的方法进行验算。

四、通过计算练习课培养计算兴趣

兴趣是最好的老师。培养学生计算兴趣的途径是多方面的。在小学阶段的计算练习课要结合课堂教学，逐步培养学生的计算兴趣。

1. 计算中抓住联系和规律

教学中要把学生所学知识联系起来指导和帮助计算。如：

（1）$125 \times 32 \times 25 = 125 \times （8 \times 4） \times 25 = 125 \times 8 \times （25 \times 4） = 100000$。

（2）$7.62 + （5.41 - 2.62） = 7.62 + 5.41 - 2.62 = 7.62 - 2.62 + 5.41 = 5 + 5.41 = 10.41$。

可扩展练习：7.62–（5.41–2.62）和7.62–（5.41+2.62）。

2. 熟练地掌握运算定律和运算性质，提高计算的技能和技巧

认识、掌握运算性质，并能灵活运用，这是提高计算能力的重要一环。许多简便的计算方法都是以运算性质为依据的。在小学数学中常用的运算性质有：五大运算定律（加法、乘法的交换律、结合律，乘法分配律）；加法、乘法的其他运算性质和减法、除法的运算性质；和、差、积、商的变化规律等。认识、掌握运算性质，一要理解，二要会用。即不仅能说出运算性质的内容，而且会用这些运算性质进行有关计算。

指导学生灵活运用运算性质。首先，要充分发挥基础知识的作用。如$25 \times 4=100$、$125 \times 8=1000$，这是小学生很熟悉的基础知识。如果把这些基础知识与乘法分配律以及乘法、除法的有关运算性质结合起来运用，就可以使诸如25×16、125×16、$8 \times 0.4 \times 12.5 \times 2.5$等计算简便。其次，要指导学生灵活对算式进行变形。这里的变形，一是变换运算顺序，二是变换运算种类，三是将数进行分解组合。进行这些变形的目的是尽可能凑数，从而变笔算为口算，变数值复杂的计算为数值简单的计算。要引导学生用算理指导计算，树立"运算顺序既有规定又有可变性"的观点，体会到"算无定法，择优选用"的道理。要提高学生的应变能力，不能停留在"简算下列各题"或"能简算的简算"的题型范围内，要自始至终贯彻合理灵活的要求，对每一道计算题都要贯彻一看（通观全式，看清有哪些运算、哪些数参加运算）、二想（思考这些数有什么特点，改变运算顺序能否使运算简便）、三算（以准为主，先准后快）、四回顾（计算是否正确、有没有更简便的算法），这样持之以恒，就能使计算变为用计（计策）算。最后，要引导学生在计算实践中发现、总结简便运算的规律。简便运算的规律很多，不可能也没必要一一介绍。遇到适当的机会，老师可顺便提示一下，启发学生弄清其中的道理。

五、通过计算练习课消除影响计算能力的心理因素，提高计算能力

1. 加强对比，克服思维定式的消极性

在计算练习课中注意运用对比，让学生在辨析中明确事物的本质特征，掌

握知识间的联系与区别，从而预防消极思维定式的产生。例如，可利用判断改错题加强对比，防止学生因数的特点而影响照常计算。

在复习四则混合运算时，老师可选用下列题目：

（1）126÷3×36÷3。

（2）126–3×36÷3。

（3）（126–3）×36÷3。

（4）126–3×（36÷3）。

让学生通过这组题目的练习，对有关四则混合运算的知识进行对比，使学生能正确区分同级运算、异级运算、有小括号的运算等运算的联系与区别，从而把握各自的本质特征。

2. 紧扣法则，提高计算的合理性

在教学过程中应培养学生的判断能力，教会学生在计算中始终根据计算性质和法则进行合理计算。例如计算：（1）321×25×4；（2）321÷25×4。第（1）题是一道连乘式题，根据乘法结合律，可先算25×4，而第（2）题是一道有乘有除的混合式题，根据计算法则，必须从左到右进行计算，因此不能先算25×4进行凑整。

3. 注意评价，提高计算的灵活性

当学生掌握一定的计算模式时，老师必须引导学生不死套模式，对其算法从策略上、方法上进行反思、评价，使学生在掌握运算性质、定律的基础上，能灵活地运用性质和法则，从而提高计算速度。例如计算 $\frac{3}{4} \times \frac{2}{5} + \frac{3}{5} \div \frac{3}{4}$，应引导学生认真审题，对算式题展开策略评价，防止学生受乘法分配律的影响。

4. 引导联想，提高计算中思维的流畅性

问题的外形特征是信息源，老师应该引导学生根据这一信息源，抓住其特征，并与头脑中储存的知识信息产生广泛的、牢固的联系，通过联想，产生知识间的联系，培养思维的流畅性，从而促进计算能力的提高。例如计算 $\frac{25}{27} \times 26$，老师引导学生联想：

联想一：由26=27–1的关系想到：

原式$= \frac{25}{27} \times （27–1） = \frac{25}{27} \times 27 - \frac{25}{27} = 25 - \frac{25}{27} = 24\frac{2}{27}$

联想二：由25＝27－2的关系想到：

$$原式 = \left(1 - \frac{2}{27}\right) \times 26 = 26 - \frac{52}{27} = 26 - 1\frac{25}{27} = 24\frac{2}{27}$$

5. 融会贯通，提高计算的综合能力

在计算练习阶段，应通过各种形式的复习引导学生纵向挖掘、横向延伸，把所学的知识在更大范围内进行归纳、整理，使知识形成一个完整的网络，从而不断完善学生的认知结构。这样既能防止产生还原现象，又能提高学生的计算能力。

计算练习课中注重培养学生的独创性

《数学课程标准》（实验稿）在第一学段"数与代数"的教学中提出，重视口算，加强估算，提倡算法多样化。在第二学段"数与代数"的教学中又提出，重视口算，加强估算，鼓励算法多样化。通过几个学期对计算练习课课型的研究与实践探索，在教学思想、使用教材、教法等方面，都得到了很多的启示。

任何旧的或新的演算方法，都是与实际密切相联系，并且也都是由生活、生产的实践中产生出来的。在学生的学习过程中，由他们自发的或者是在老师启发、诱导之下而产生的新思维方法，若是与课本上的不同，或者是超前性的算法，老师均应认真对待，积极地支持与鼓励。因为这完全符合新《教学大纲》中提出的"要注意联系学生的生活实际，引导学生分析数量关系，掌握解题思路"的要求。

老师要在具体材料积累的基础上，在学生所学知识、掌握技能的基础上，不断地开拓新思路，探索新的教学方法和学生学习的新方法。例如在四年级计算练习课中，对于运算顺序的灵活掌握与运用问题，早已在一年级第二学期的教材中就已经有了孕伏和铺垫；学生早已通过"13-7=10-7+3=6"的学习、思考和演算过程，初步知道了退位减法中要通过一个加法的步骤去完成，反之亦然。对于加中有减、减中有加的对立统一的辩证法原理，学生已经有了接触，初步而粗浅地受到了辩证唯物主义的启蒙和熏陶。因此在四年级四则混合运算练习课时，可鼓励学生在不改变运算性质和计算目的的前提下，通过自己探索，适当改变运算顺序，使计算更简便、合理。凡是这样做的，也完全符合《新课程标准》中"要启发学生动脑筋想问题，要鼓励学生质疑问题，提出自己的独立见解"的要求。只有这样做才能真正地体现学生的主体地位，也才能有效地发挥学生的主人翁作用。

老师要努力学习《新课程标准》，认真钻研教材，在全面了解学生的基础上，区别层次、因人而异地加以具体的引导，要从应试教育逐步转到素质教育的新轨道上。这就需要把培养跨世纪人才应具备的基本素质与日常的教学工作紧密地结合起来，将新概念、基础知识、基本技能与发展思维、探索规律结合起来，将外部的操作、运算与内在的智力活动结合起来，将掌握运算顺序、改进学习方法与不断地发展智力、提高能力结合起来。要做到这"四个结合"，就必须将学生的实际与知识体系、教学要求密切地结合起来。

要孜孜不倦地探索提高学生思维能力的新形式与新方法。练习课要培养学生思维能力的广泛性、灵活性、敏捷性和深刻性，就需要引导学生从多方面、多角度去观察和了解事物。要让学生站在不同的角度去观察、思考同一个问题和事物，比较全面、系统、客观地认识问题和事物，做出正确的分析和判断。

引导学生从多种方向思考、探求解题的路子和方法，应尽量避免思维的定势、单一和呆板。解题时不能只从一个路子去钻"牛角尖"，引导学生既要从顺向思维去分析和判断，还要从逆向思维、双向思维和多向思维进行分析、判断和推理，这就需要在日常的教学活动中进行训练和培养。例如，有许多具体的计算题，有的是要从左至右地去观察、思考、理解和演算，有的则需要从右至左地验算、判断，还有的则应由上到下或者由下至上地进行全方位地观察，才能做出正确的理解与判断。

要引导学生在练习中积极主动地探求解题的多种途径和多种方法，老师要尽量避免照本宣科、照猫画虎。遇到不同的解题方法，有的老师就以"得数对了"，但"运算顺序不同"，判为"错误"。例如"5.05+6.75-3.75"这一题可以按从左到右的顺序依次计算，但若能先算"6.75-3.75"再用5.05加上它们的差的话，运算同样正确，而且更加简便。许多老师的教学经验和教学实践证明，对同一个题目，若能通过多种途径、多种方法去解题与演算，并能获得相同的结果，学生的思路才会开阔灵活，才能由动作思维、形象思维逐步向抽象思维、逻辑思维过渡。

经过长期的培养和训练，学生思维的广泛性、灵活性和敏捷以及思维能力才能逐步发展与提高，达到思维深刻的目的。在此基础上，创造思维和发散思维才能随之而产生，并由弱到强，向高层次升华，达到不教自学、无师自通的境界。遇到新的习题时，就能够举一反三、触类旁通。

抓基础、讲方法、提质量

——有效开展复习的方法

复习是"温故而知新"的过程，在整个学习活动中是十分重要的一个环节。因此，如何上好复习课一直是老师们关心的问题。如果复习这一环节做得好，学生的考试成绩一定不错。反之，则有可能让老师这一学期的辛苦付出收效甚微。但在平时，只要一提复习课，常让人想到许多的卷子、大量的练习题。老师不辞辛苦地出题、改卷，把自己投入到题海里。这样的工作方法使得老师疲惫不堪，效果却不尽人意，于是抱怨学生不够投入、不够勤奋。对于学生来说，这种做法会使他们失去兴趣，厌烦学习。

如何使期末复习收到事半功倍的效果？首先，复习要有有针对性、目的性、可行性；其次，要把握好《课程标准》（《教学大纲》），这是复习的依据，教材是复习的蓝本；再次，复习时要弄清学生学习中的难点、疑点及各知识点易出错的原因。根据以上三条制订切实可行的复习计划，并认真执行。

一、复习要有目标、有计划

在复习前，每位老师应对复习内容及复习安排做到心中有数、目标明确。根据学生的实际情况，针对他们在学习上的薄弱环节制订切实可行的复习计划，合理安排复习时间，然后依照计划精心设计好每一节复习课，进行有效的复习。要避免复习的盲目性，不能想到什么就什么，造成知识点的疏漏。中高年级的老师还可建议学生制订切实可行的复习计划。

1. 复习中对学生的定位

抓中间，促两头。

2. 复习内容的定位

以基础知识、基本技能的掌握为重点，适当进行拓展性练习（题目难度稍大的问题）和综合性练习（需要运用学过的多个知识点解决的问题）。

3. 复习方式的定位

以练带讲，当面反馈、矫正。

二、复习要有条理性和针对性

1. 过教材

以教材为本，侧重于教材的复习与梳理，全册快速地过一遍，通过教材的重现来归纳知识点，讲透知识点运用，对各单元的知识要点进行梳理，有条理地复习可以帮助学生回想所学过的知识点，让学生对知识的印象更加深刻，让学生对所学的知识能够进行"查漏补缺"。

2. 串知识

根据各知识点的前后联系将散落于书中的知识重点进行整体归纳小结，帮助学生构建紧密联系的"知识串"。要防止简单的重复，避免面面俱到，应当遵循精讲多练的原则，让学生通过听讲进一步加强理性认识，并能在大脑中将零碎的知识进行整理，形成框架，然后再通过练习在实践中掌握。

多练，但要突出层次。一般的练习设计都遵循先基础再拔高、由浅入深的规律。在练习中，题目过易、过难都达不到复习的效果。重练习，提高学生练习的兴趣与效果，切忌不加选择的拿来主义，反对题海战术。应把复习的重点放在教材和期末学习水平评价上，对教材和期末学习水平评价中的练习做到条条过关。二类教辅上的习题可作参考，星号题应视其难度，针对不同学生区别对待，不要求人人皆会。选择参考其他练习，一定要先审视、后选择、再设计，最后布置给学生，其量不宜多，其难度不宜过大，提倡层次练习，实施阶梯训练，以满足不同学生的学习需求。关于练习应该做到有布必收、有收必改、有改必评、有错必纠，切忌滥布置、不批改，杜绝不评、不纠的无效行为。

3. 练技能

侧重对做题技巧的讲解和训练一些学生易出错的题目，指导学生掌握一些笔试和写作题的要领。讲解习题不要只注重订正答案，更要注重答案的分析、应用和知识点的回顾。

围绕复习的主题，老师一定要通览教材和复习资料，把其中经典的题目圈画出来单独呈现，让学生再次练习；将平时单元测试中学生出错率高的题目单独呈现出来，让学生反复训练；老师自己编写或者从资料中查找综合性强的典型题目，进行有益的补充。

三、复习要突出合作性

上复习课单是老师讲、学生听，效果并不理想。《新课标》要求在教学中培养学生的自主学习能力，所以老师要开动脑筋，变换教学的方式，调动学生学习的主动性，让学生当学习的主人。在复习过程中，老师可以用小组合作的方式，发挥优秀学生的带动作用，通过学生小组学习（一帮一），一起归纳总结，一起分享学习的方法和成功的经验，一起完成老师布置的复习任务，这种方法是很有效的。

四、复习要注意方法和趣味性

1. 采取多种复习形式，保持学生学习的兴趣

（1）老师提问。这种方式比较直观、便捷，便于老师随时发现问题，依据实际情况及时调整复习进度和复习方法。其形式也很灵活，可以是老师问、学生答，也可以是学生互相问答，学生还可以向老师提问有关复习中遇到的难题等。

（2）随堂检测。随堂检测量不宜太大，面不宜太广，而应立足本节课的复习内容设计检测题目，稍有扩张，抓住重点。检查结束后，可抽一些典型层面的学生试卷进行批阅，从典型中找共性，讲解、强调学生普遍容易出错的方面，从而达到预期的复习效果。

（3）学生独立反思。注意鼓励学生独立审题、独立解题，不要再通过"老师读题""讨论""老师刻意引导"等方式来解决问题，以免养成学生过于依赖、不能自立的"软骨病"。特别是低年级尤其要注意。在复习课中，老师应留一定的时间供学生自由支配，记忆、回顾本节课的复习要点，找出自己的薄弱环节和疑难之处，向老师请教并及时解决。

（4）引导学生类化跟进。围绕难点问题复习时，不要解决一个问题便草草收兵，这样的认识不会太深入。最好是老师随机补充相同类型或者稍做变化的题目，供学生再练习，这样便能巩固成果、深化认识。

当出现"一题多解"时，老师应鼓励学生运用学过的多种方法解决问题，但要注意寻求最优化的方法，向学生倡导这种方法。

2. 减少失误，培养学生检查的习惯

复习时如能注意检查的重要性，效果也会事半功倍。根据同学们平时易出现的情况，建议从这些方面检查：

（1）检查列式是否正确。读题，看该用加法、减法、乘法或是除法来算。

（2）列式正确后，看算式中的数字是否抄错，是否和题中给的一样。

（3）用估算的方法检查得数，如259+487，我们一看至少要等于六七百，如果得数是四百多或三百多，那计算一定错了！

（4）精确地再算一遍，以得到正确的结果。注意一定要笔算。五年级后，小数计算用口算很容易错，而且要规范使用草稿本，不要以为草稿本就可以乱写乱画。往往一些数由于书写不规范，答案也容易抄错。

（5）检查单位和答案有没有写齐全。

（6）操作题要用铅笔、尺、三角板画图，切不可信手乱画，画完后记得标明条件（如直角符号、长2厘米、高3厘米等），看是否和题目要求一致。

（7）解方程题，要记得写"解"，应用题还要先"设"，这些都要引起重视。

3. 要给予学生关爱和鼓励

复习阶段学生压力大，情绪波动大，因此要营造宽松的复习氛围，增进与学生之间的情感交流，尊重理解学生，对一些基础较差的学生要多给他们鼓励，多给学困生回答问题或到黑板前做题的机会，这样便于发现他们的知识缺陷，老师有的放矢地进行讲解。同时，也能调动学困生参与课堂的积极性，帮助他们克服心理的障碍，教会他们学习的方法，激发他们争取好成绩的动力。对于难度较大或者学困生解决不了的问题，则让学优生出面。此外，复习安排还要劳逸结合，减轻学生的复习压力和负担，帮助他们克服紧张的情绪，让每位学生都保持良好的心理和生理状态。这一目标的达成离不开各科的共同协作与配合。

无数的例子告诉我们，创新，也只有创新才是造就人才的第一要素。使学生具有初步的创新精神和实践能力，是新世纪课程改革最终要达到的培养目标之一。魅力老师之魅力所在是通过自身的专业素养引领学生自发投入到乐学创新的学习状态中。乐学创新能引发学生强烈的创造意识和良好的创造个性，体验创造的快乐，充满创造成功的自信心和创造激情。学生的思维逐渐体现出流畅性、变通性、独创性和精致性，并掌握一些基本的创造技法，迁移到各学科学习和日常生活中去。

魅力教师之创新篇

第五章

构建乐学创新教学，促进学生主动发展

社会每进一步，历史每翻一页，无不留下人类创新的脚印。同样，一个人从庸才到奇才到天才的蜕变，也离不开创新。无数的例子告诉我们，创新，也只有创新才是造就人才的第一要素。使学生具有初步的创新精神和实践能力是新世纪课程改革最终要达到的培养目标之一。随着社会的发展、科技的进步，创造力不再是天才的标志，而成为一种生存的技能。21世纪是创造的世纪，需要一大批敢探索、会创新的人才，这使创新教育成为必要。同时，创造力并不是神秘的天赋才能，它是每个健康的个体都具有的一种普遍的心理能力，只存在程度的差异，而非全有或全无的品质。在《新课程标准》理念的指导下，我们尝试构建体现乐学创新的教育体系。小学阶段，学生思维在整体发展的基础上，表现出愈来愈明显的分化性和精细性，形象思维进一步发展，逻辑思维能力初步形成，系统思维和辩证思维开始萌发。同时，学生的自主性、自觉性也明显增强。另外，愉快教育已走过了单项改革、整体改革、深化改革三个阶段，形成了一套行之有效的模式体系，这些都为乐学创新实验研究提供了可能和理论基础。

一、乐学创新教学的总目标

当今创新人才必须具备的特征有创新精神、敢于标新立异、热爱所从事的职业、有较强的学习能力、乐于面对工作的挑战和对知识不断更新等。

乐学创新是为了培养学生强烈的创造意识和良好的创造个性，培养思维的流畅性、变通性、独创性和精致性。掌握一些基本的创造技法，并能迁移到各学科学习和日常生活中去。使学生了解一些中外发明家、科学家等发明创造的故事，理解其创造的过程和创造的艰辛，初步培养学生科学的态度和艰苦奋斗的创业精神。

二、乐学创新实验研究实施的原则

1. 全面性

创造力是多维结构、许多要素的综合。创造力的培养不仅是发散思维的培养，它的内涵是非常丰富的。我们实施乐学创新教学时，必须贯彻全面性原则，促进形象思维与抽象思维、发散思维与集中思维、逻辑思维与非逻辑思维的和谐发展，致力于创造性思维和创造个性的共同提高。

2. 早期性

为了充分开发学生的潜能，我们提倡创造力教育应尽早进行。学生思维发展的潜力很大，可塑性强，进行创新教育会收到事半功倍之效。

3. 情境性

各学科知识与生活实际应用情境之间存在较大差距，从实际生活中提出的问题往往能导致有价值的创造发明。乐学创新课堂教学应突出情境性，这不仅能极大地激发学生创造的热情，而且能锻炼学生透过现象抓住问题本质的能力和综合运用各种知识的能力，培养学生创造性思维的精致性与可行性。

4. 尝试性

创新的过程往往是一个艰辛的历程，不仅需要清楚的目标、执着的精神，更要有承受失败、挫折的心理能力。法国伟大的服装设计师、"热爱世界的冒险家"皮尔·卡丹说："我的每一次创新都被人们抨击得体无完肤，但骂我的人接着又做我所做的东西。"的确，并不是每个人都承受得了这种"被骂"的压力。没有一种对成功的无比渴望、对工作的无比热爱和对自己的无比自信是不行的。乐学创新课堂教学给学生更多的机会尝试错误、发现原理。在解决问题时，每个学生都有充分的实践提出自己的设想，无论多荒唐或幼稚的想法都不会受到耻笑，独特的、创新的想法一再受到鼓励。这样，学生就不会觉得乐学创新课堂是一种额外的负担，反而觉得这是充分表达自己的好机会。不断尝试能有效地促进学生智力的发展，激发学生的求知欲和好奇心，增强学生的创造意识和创造动机，并充分体会到创造的乐趣与艰辛。

按照上述原则设计的乐学创新课程，不仅能培养学生的创造力，而且会对其他课程的学习形成积极的迁移。

三、乐学创新教学实施的关键

乐学创新教学研究的实施步骤为：激发兴趣→发散思维→敏锐观察→深刻理解→发展创新。其中，培养和发展学生的创造思维是关键。创造性思维不仅能揭示客观事物的本质特征和内在联系，而且能在此基础上产生新颖、前所未有的思维成果。苏联科学家卡皮查认为，数学课是培养学生创造性思维最合适的学科之一，因为数学具有高度的抽象性、严密的逻辑性和应用的广泛性，能为学生提供广泛的思维素材，使学生在学习数学知识的过程中思维的深刻性、灵活性、独创性得到培养。同时，灵活多样的解题方法使学生在很小的年龄便开始养成独立思考、灵活运用的良好习惯。

1. 激发学生思维的兴趣

只有学生对所学知识产生浓厚的兴趣，才能激励学生进行积极的探索，正如夸美纽斯认为的那样，教学应当"燃起学生的求知渴望和学习热情"，这样才能促进学生积极思考、探索和研究。要想在教学中激起学生的学习兴趣，激起学生积极思考的学习动机，使他们沉浸在积极思考的探究中，教学中必须精心设疑、激疑、质疑，使学生达到思维活跃、兴趣浓厚。只有学生对思维有浓厚的兴趣，学生才能动手、动脑促进创造思维发挥。例如教学"长方形和正方形面积的计算"时，为激发学生探求长方形和正方形面积计算公式的兴趣，教学开始时，老师出示一组已知长和宽的长方形和已知边长的正方形的图形，师生展开竞赛，看谁能先求出它们的面积。当学生用数方格的方法不如老师利用公式口算快时，学生就产生了疑问，从而激起学生探求知识的兴趣。这时，老师启发诱导，让学生观察长方形的长和宽与面积的大小有什么关系以及正方形边长与面积大小之间的关系，学生就会投入到积极的探索之中。这样，学生学习的积极性就被激发出来，全身心地投入到知识的探究中，从而促进学生创造性思维的发挥。

2. 采用灵活多样的方法进行思维发散

未来的社会是信息的社会，现在的学生要适应未来的发展，因此我们培养的学生要具有开拓性、创造性。教学要采用灵活多样的教法进行思维发散，以进一步开阔学生的视野，达到开发学生的智力、培养学生的能力之目的。

例如应用题教学，采用一题多解的方法进行教学可以扩展学生的思路，发展学生的思维，有利于学生创造性的发挥。如这样一道题：修路队修一条长60千米的公路，第一天修了全长的1/4，第二天修了余下的1/2，还剩多少千米没有修？这道题有多种解法，老师只要正确引导，学生的解题思路会更开阔、思维更活跃，就会促进创造思维的发展。

解法一：$60-60 \times \frac{1}{4} - \left(60-60 \times \frac{1}{4}\right) \times \frac{1}{2}$

解法二：$60 \times \left[1-\frac{1}{4}-\left(1-\frac{1}{4}\right) \times \frac{1}{2}\right]$

解法三：$60 \times \left(1-\frac{1}{4}\right) \times \frac{1}{2}$

解法四：$60 \times \left(1-\frac{1}{4}\right) \div 2$

解法五：$60 \times \left[\left(1-\frac{1}{4}\right) \times \frac{1}{2}\right]$

解法六（比例解）：$60 \times \frac{1}{4} \times 3 \div 2$

结合数学学科的特点，有计划地让学生多角度进行思维的发散训练，学生解题的灵活性、敏捷性将会提高。长此下去，将会使学生的思路更开阔，创造思维能力将会得到加强。

3. 培养敏锐的观察能力，掌握灵活的观察方法

观察是认识事物的基础，是发明创造的重要条件之一。敏锐的观察能力能促进创造力的开发，一切发明和创造都离不开科学的观察。有目的、有计划地观察，在观察中对比、思考，将促进创造思维的发挥。因此，培养学生敏锐的观察力，让学生在观察感知的过程中积极思维，有利于学生创造思维的开发和培养。老师在教学中要充分利用学生的慧眼，发展学生敏锐的观察能力。例如在几何初步知识教学中，培养学生看图、识图的能力，会促进学生观察能力的提高。让学生按照不同的方法去观察图形，将会得到不同的思维方法，从而促进观察能力的提高。

其实，创新并不是彻头彻尾地改变、否定以前的一切，它可能是对自己资源的一种全面整合，也可能是对自己未来潜质的一种挖掘。一个聪明的人，一个能成就大事业的人，未必是禀赋过人、才高八斗的人，只是他有一定的可塑性，知道自己正在干什么，接下来要干什么，始终朝目标迈进。

四、乐学创新教学实验研究实施的师资条件

教学中能否成功地实现乐学创新，在很大程度上取决于老师的素质。实践证明，乐学创新教学需要创造型的老师，而创造型老师应符合这样一些条件：

1. 足够的知识和较高的创造力

人们对创新的接纳和包容来源于创新对人们无孔不入的浸润和感化。正是有了创新，才有了社会的进步，才有了生活方式的改变，才有了"想"和"做"高度一致的成就感。作为以培养学生创造力为目的的老师，首先应对创造力的含义、构成、测量及创造力研究的历史与现状等问题有足够的了解，使教学立足于坚实的理论基础之上。其次，老师本身也应具备较高的创造力，思维的发散性、变通性、独特性、精致性达到中等水平，并且具备良好的创造个性。只有这样，老师才能在教学中对学生进行有效的指导，才能创造性地运用教材和各种教学方法。托兰斯认为，如果学生让创造欲和求知欲强的老师来教，他们的创造欲和求知欲就强烈，反之亦然。

2. 善于运用愉快教育理念营造创造气氛

创造力培养和训练需要一个良好的气氛。创造型老师善于营造这样一种气氛，让学生在其中大胆、自由、积极地思维。具体包括几个方面：第一，形成富有创造性的班集体思维，求新、求异的意识强烈，独特新颖的想法受到鼓励，同学间能互相启发。处于这样的集体中，学生会积极主动地开动脑筋，使创造性思考成为一种习惯。第二，形成宽容和理解的气氛。创造型老师的课堂教学充满温暖宽容的气氛，学生在思维上是紧张的，但在情绪上是放松的，心理上有安全感，不会感到压抑。师生共同探讨解决问题的方法，好的想法一再受到鼓励，不成熟的思想不会受到嘲笑和指责，学生能轻轻松松地舒展自己的心灵。第三，创设问题情境。课堂活跃并不一定意味着学生的思维活跃，有时课堂活跃是一种人为的假象，掩盖了学生思维活动滞涩的事实。创造型老师善于创设问题情境，引导学生发现问题，激发学生解决问题的兴趣，使学生的思维总是处于活跃状态。

3. 正确评价学生及其创造成果

具有高创造力的学生可能并不是平时学习成绩好或者听话的学优生，这就要求老师在评价学生的创造力时要实事求是，不应带有任何偏见，以免挫伤学生的自信心和自尊心。同时，老师要对学生的创造成果进行正确评价，不能因为不合常情、不按常规而任意抹杀。在乐学创新教育中，不能用统一的模式和标准去要求，不能用预定答案或现成结论作为评价学生想法的依据。

可见，乐学创新教学首先要培养创新型老师。要采用多种方法，通过多种途径优化老师的知识结构和能力结构，转变传统的教育思想和教育观念。要紧记，只有热情才能点燃热情，只有创新才能培养创新。

小学数学课堂的魅力策略

老师的职业是崇高的，责任是重大的；老师的工作是艰辛的，精神也是最富足的。数学教学不仅是一门科学，而且也是一种艺术。同一份教案，让十个不同的老师来上，会出现十种不同的教学效果，主要原因就是由于老师对教学艺术的掌握与运用不同。其实，教学艺术是一种既复杂又精湛的艺术，既可意会又可言传，还可以进行操作，一点儿也不神秘。充满教学魅力的老师在课堂教学中都有行之有效的小策略。

一、教学节奏的"调速"艺术

一节数学课，如果教学速度过快，易使学生产生紧张、疲劳、焦虑，造成认知困境；如果速度过慢，易使学生兴趣淡薄，注意力分散，精神松懈；即使速度适中，若匀速不变，没有起伏，也会使学生感到单调、乏味，没有刺激。最理想的效果就是"快节奏中穿插慢镜头"。

"快节奏"能养成学生快看、快说、快记、快写、快做、快思的习惯；"慢镜头"就是在教学关键处，充分提示知识的发生过程，课堂上给学生留个白。其基本形式有延时、重复、追问、暂停，让学生画个草图看看、列个式子算算、举个例子试试，等等。

以"因数是三位数的笔算乘法"一课为例。教学"序幕"时，先给学生留点回忆的时间，让他们回想因数是两位数的笔算乘法该怎样算；然后让学生很快地笔算完成"314×35"；接着引入新课，教学"314×235"的笔算。随着例题教学完毕，教学进入高潮阶段。这时，让学生闭眼想一想：因数是三位数的乘法与因数是两位数的乘法有什么不同和相同的地方？总结得出因数是三位数的乘法法则。进入练习阶段，采取从易到难的原则，速度从慢到快，从慢镜头进入快节奏。这样既巩固了法则，又锻炼了学生的计算速度。到了尾声时，不忘给学生留个"问答期"，通过问答，让学生自己进行课堂小结，执教者只是从中点拨、补漏。

二、课堂气氛的"调温"艺术

良好的课堂气氛使学生像生活在最适宜的气温下，心旷神怡、流连忘返。这也是愉快的课堂教学的体现。要使课堂教学处于最佳状态，就应学会"调温"。"调温"不外乎有两种，一是将教学热点进行冷处理，这就涉及老师的管理艺术。优秀老师往往在这方面技高一筹，他们将严与爱巧妙地揉合在一起，在课堂上收放自如，令人肃然起敬。二是将教学冷点进行热处理。要及时在情感冷漠处、教学冷场处、思维冷却处、兴趣冷淡处、答案问冷寂处、思路冷僻处、知识冷落处等处加温，通过行之有效的调节，让学生始终在情感和思维畅通交流的氛围之中情绪高涨、愉快地学习。

例如，在教完长方体、正方体体积的计算方法后，如果进行大量的计算体积的练习，就会使学生觉得枯燥乏味。为了把这一教学冷点搞活，老师设计了一节数学活动课。首先，老师取出一块凹凸不平的石块，要求学生算出它的体积。面对这块不规则的物体，学生一下子都愣住了。过了一会儿，有个学生提议说，先把这块石块切割成正方体或长方体，再求它的体积。老师表扬了他开动脑筋，认真思考，接着又问："如果不改变这块石头的形状，要求它的体积，该怎么办呢？"学生陷入沉思。于是，老师进行点拨："你们不是学过语文《称象》这篇课文吗？能不能从这个故事里得到一点启发呢？"四人小组讨论得十分活跃，不少学生高兴地说："老师，我知道了！先把石块放在一个盛满水的长方体或正方体的容器里，水会立刻溢出来。那石头的体积就是溢出来的水的体积。"老师随即与学生共同做这个实验。就这样，问题解决了，同时也激发了学生计算物体体积的兴趣，从中获得了石块占有空间的感性认识。老师笑了，同学们也乐了。

三、教与学的"调谐"艺术

教学过程中，要使教与学之间产生和谐共振效应，就需要老师具有高超的"调谐"艺术，能比较精确地测量学生信息的接受量，使老师输出的信息与学生接受信息的频率相等，从而达到"调谐"的目的。为了达到这一目的，必须抓好新课教学，因为这是中心环节。

抓好新授课教学，必须做到：①加强教学直观性，对各种感官合理调度；②创设质疑情景，鼓励学生独立思考，深入探究；③突出重点，抓住关键，攻克难关；④引导学生小结，初步形成印象，老师进行概括小结；⑤科学地组织练习；⑥课堂作业要课内处理，教学任务当堂完成。

学生感知信息的心理过程具有外显性，可通过他们的语言、姿态、表情、眼神和手势等表露出来。因此，要善于运用心理相容的原理，缩小师生之间的心理差距，使学生敢表真情、吐真言，进行真实反馈。同时，语言和听觉是关系教与学能否"谐振"的最大影响因素。要提高认识，明确语言是思维的外壳，数学是一门逻辑性很强的科学，如果老师不注意自己语言的表达，势必影响教学效果。如有位老师在小结"三角形面积公式"时这样说："三角形面积是平行四边形面积的一半。"这显然是错的。正确的说法应该是："三角形面积是与它等底等高的平行四边形面积的一半。"如果不强调"等底等高"，学生得到的信息必会失真。又例如四年级"小数点移动引起小数大小变化"一课，老师说："小数点向左移动一位，小数就缩小了10倍。"这是不规范、不严谨的表述，应该是"小数点向左移动一位，小数就缩小到原数的 $\frac{1}{10}$"。因此，老师的语言必须准确、清晰，有语感和美感，不断叩击着学生的心扉。老师就像一个高明的指挥家，时刻调动学生的思维，与智慧之花一起开放。

四、给数学课"调味"

学生最厌烦枯燥乏味的"纯"数学课。老师要在保证教学科学性的前提下，千方百计地追求趣味性、生动性、形象性和实效性。下面试举一些实例。

1. 诱趣

人的情感总是在一定的情境中产生的，倘若老师能怀着一种渴求知识的欲望和一种跃跃欲试的情绪进入课堂，学生的学习情感必定会油然而生。

比如教学"能被3整除的数的特征"时，老师先写出几个较小的数，让学生快速判断能否被3整除；然后写出几个较大的数，让学生快速判断能否被3整除，学生表示"不行"。这时，老师需要迅速判断学生检验是否无误。接着老师让学生写数，无论写多大的数，老师都能迅速判断。此时，学生感觉很惊讶，很希望能探寻到其中的奥秘，学生在积极探索的情绪推动下进行创造性的学习活动。

在诱趣过程中，应当紧密结合教学内容，有针对性地诱趣。要注意使直接兴趣向间接兴趣转化，通过竞赛、游戏、质疑等多种形式，培养学生学习兴趣的持久性，特别要注意提高学生的质疑兴趣。每节课结束前应专门安排时间，让学生提问，使学生从小养成敢疑、善疑的良好习惯。同时，要注意寓趣于教学过程的始终，做到课开始，趣已生；课进行，趣更浓；课结束，趣犹存。

2. 应激

应激是教学艺术中特有的教学机智，要求老师在课堂上善于随机应变，灵活地运用发散、换元、转向、择优等手段，及时巧妙地处置突发事件，将其转化成一种灵魂的感化力量，产生始料不及的教学效果。

由于偶然事件的发生，可能会打乱或拖延教学计划，但若能妥善处理这类事件，便能发展学生的思维，使学生从小养成敢想敢说的好习惯，从而达到意想不到的教学效果。所以在课堂教学中，应有意识地训练自己的应激能力。

3. 激进

老师应当正确地运用心理特征激励学生奋发向上，同时要注意奖励的层次性，通过表扬、加分、报喜、命名等行之有效的措施，让学生充满信心，攀登思维的高峰。其实，许多学困生不一定需要补多少知识，而是需要更多的精神鼓励。例如对于敏感型学困生要多给他们工作，并要增强他们完成任务的信心，定期检查、帮助，发现他们的长处和成绩要及时表扬，对他们的缺点和错误也切勿在大庭广众之下批评，而是通过个别谈话，启发他们提高认识。激进的根本目的就是训练学生敢想、善思，强化数学思维。

4. 稚化

有时老师可以故作愚拙，佯装不懂，有意遗漏或增添某个重要内容，再让学生当自己的老师。这样可以不断缩短师生之间的距离。

教学"有余数除法"时，如何引入余数的要领呢？首先，老师拿出9个苹果，很沮丧地说："我要把这9个苹果平均分给4个小朋友，但不清楚该怎样分。你们能帮助老师吗？"同学们知道自己能帮助老师解决时，都兴趣盎然、信心十足地说"能"。接着，老师就请每个学生动手摆学具：把9个苹果（用圆片代替）分放在4个盘里，得出每盘放2个还余1个。分完后，学生纷纷把自己分得的结果告诉老师，老师也表现出恍然大悟的样子。这样通过实际操作，使学生知道分东西有时不能刚好分完，而是还会有剩余。这时，老师不失时机地问学生："老师突然忘了这个剩余的数叫什么名字，你能通过阅读课本找到并告诉老师吗？"学生很快便找到了"剩余的数叫余数"，从而导出了余数的概念。在整个教学过程中，学生都处于积极主动的状态，对新知的接受非常有利。这种由老师装糊涂达到学生不糊涂的"稚化"艺术，比直接道出知识原委要高明得多。

五、"进"与"退"的智慧

在数学教学中，老师要善于处理好"进"与"退"的关系。所谓"退"，就是老师要敢于在学习的起始阶段退一步，帮助学生寻找新知学习的生长点；所谓"进"，就是老师要善于在学习的动态过程中更进一步，探寻所学知识的数学本质。

数学教学的智慧就在于老师能在"进"与"退"之间游刃有余。

1. "退"的策略

首先，退到学生的生活经验中。数学知识常常源于现实生活。荷兰数学教育家弗赖登塔尔从数学教育的特点出发，提出了"数学现实"的教学原则，即数学源于现实、扎根于现实、应用于现实。在教学过程中，老师如果能充分利用学生身边的生活现象，引入新知，让数学教学符合生活实际，充满生活气息，会使学生对数学有一种亲近感，让他们感到数学与生活同在，数学并不神秘。由此，可激起学生探求新知的强烈愿望，调动起学生学习数学的积极性，使学生真正成为"自主的思想家"。

其次，退到学生已有的旧知中。利用学生的旧知来引出新知，是一种类比迁移的策略。什么是类比？类比是形式逻辑概念，就是类似比较。迁移是教育心理学概念，即将已学过的旧知和与之相联系的新知相比较，使学生通过复习旧知识从而更快地学会新知识。上课开始阶段适当安排对旧知识的复习，能再现学生认知结构中的相关知识经验，激活新旧知识之间的联结点，为新课学习做好铺垫。复习旧知识较直截了当地讲述新知识，尽管形式上退了，但学生更容易获得新知识，实际上是一种进。

最后，退到学生的思维起点上。数学教学是数学思维活动的教学，小学生的数学思维发展遵循着从形象思维到抽象思维过渡的规律。为使学生的思维得到有效发展，老师在学习新知之初就应该为学生的思维发展寻找合适的起点。对于不同年级的学生，老师应根据其年龄特征寻找合宜的思维方式。低年级学生可以多一些操作和活动，以引起动作性思维；中年级学生可以充分利用表象，不断引发形象性思维；高年级学生可以不断训练归纳和概括能力，以逐步发展抽象性思维。

2."进"的策略

首先，进到学生的认知结构中。数学教学的本质是学生在老师的引导下能动地组建认知结构，并使自己得到全面发展。知识只有形成结构，才具有稳定性和系统性。单一的知识只是散落的珍珠，而结构化的知识如同美丽的珍珠项链。怎样帮助学生组建完善的认知结构，是我们在数学教学中要研究的关键问题。由于认知结构是以一定的思维方式为指导构建起来的，故其本身蕴涵着方法和思想。我们在教学数学知识时，不能只停留在表面，而要提示知识所蕴含的方法和思想，以提高学生分析、比较、归纳、概括、推理的能力。

其次，进到学生的思维深处。加里宁曾说："数学是思维的体操。"启迪学生思维、发展思维、培养能力、建立良好的智能结构，是课堂教学的重要目标。这要求老师在教学实践中要充分利用课堂中的生成资源，并交给学生思维的主动权，让学生在老师精心设计的问题情境中积极地观察、思考、发现、探究、创造，使学生的思维得到有效发展。在课堂学习中要做到层层递进、步步深入、学中求变、练中求活，鼓励学生创新求异，对学生的新发现、新观点、新见解及时给予肯定，排除思维定式的影响，促使学生思维向纵深发展。

最后，进到学生的实际应用中。数学应用于实际，才会变得有血有肉、富有生气，才能真正让学生体验到学习数学的意义和价值。老师要避免从概念到概念、从书本到书本的模式，要善于变数学练习的"机械演练"为"生活应用"。通过实际应用，引导学生用数学的眼光观察、分析、解决生活中的实际问题。通过在生活中应用数学，增强学生对数学价值的体验，强化应用数学的意识。

上述的"调速""调温""调谐""调味"和"进"与"退"的智慧是数学教学中的几种魅力策略，除此之外，在课堂上还可以运用幽默、修辞、合作等手段，使老师更显专业和人格魅力，让数学课更加生动有趣，更加富有"数学味"，让学生在数学的王国里流连忘返。

引导低年级学生书写数学日记的策略

《数学课程标准》（以下简称《新课标》）指出，学生要学会运用数学的思维方式去观察、分析现实社会，解决日常生活中和其他学科学习中的问题，增强应用数学的意识。老师应该充分利用学生已有的生活经验，引导学生把所学的数学知识应用到现实中去，以体会数学在现实生活中的应用价值。可见，《新课标》十分强调数学与现实生活的联系。然而，在日常的数学教学中，有不少学生因为数学学科的逻辑严密和科学严谨而对数学学习不感兴趣，甚至有畏难的情绪。针对这一情况，从2018年9月起，笔者将数学日记引入到学生的数学作业中，尝试让二年级的学生写数学日记。学生写数学日记，在日记中要收集和记录课堂和生活中的数学，这样能帮助学生更好地感受数学的魅力，反思数学在生活中的应用，让学生学会从数学的角度去观察和体验生活。学生通过这样一种自主化的形式探索知识、获取知识、应用知识，让数学和生活紧密相连，和老师进行心与心的交流。

一、何为数学日记

"数学日记"是指学生真实记录生活和学习中数学运用的情况，把自己在日常生活中所发现的数学知识、提出的数学问题、应用数学的情况真实地记录下来，反映新发现、新思路，抒发对数学学习的感受。数学日记的表现形式很灵活，可以是生活中的数学"观察"，可以是对学习过程的"反思"，可以是对所学数学知识的"拓展"，也可以是学生在生活、学习中数学现象的"发现"与"总结"等。

二、有效指导低年级学生书写数学日记

1. 精心设计教学过程，丰富数学日记的内容

低年级的学生生活经验和知识储备都不丰富。因此最初的数学日记内容主要来自课堂的学习过程。老师必须在课堂教学上下一番工夫，让学生都能积极主动地参与到学习的整个过程中，要让学生知其然更知其所以然，从而对知识获得过程记忆犹新、体会深刻。

（1）引导学生探寻数学知识背后所延伸的数学背景与数学故事，可充分利用教材上的"拓展活动、*号题、你知道吗"。为让读者感受学生在数学日记中的童真、童言、童趣，文中的例子都以学生原文图片的形式呈现，如图1所示。

2019年3月23日 星期六 晴

除法。

我们这星期学了除号"÷"，这除号为什么用一横线把两均分看到？因分过均除数被时÷一点正好表示均分的意思。圆点通平除数、20是同

知道还学了什么？除号就是被除数、20

是"÷"用一横线把两均分看到什么？除号就是被除数、20

正好表示均分了。比如20÷4＝5，5是商。和读作。20

是"÷"了。商数也学了。4是除数的写作，5是商。和读作。20

和商数也学＝了。4是除法的写作，20除以4等于5就以。

是可以，乘法也可是说算式时要说除以的算。

所以乘法和除法还是为什么乘法算式只要说乘。

陈校长 请问为什么乘法一定要说除以？

啲，以前的乘法也读"乘以"，后来和"加""减"统一了，只读作"乘"，但

除法读"除以"和"除"意义是不一样的，我们以后会学到！ 3.25

冠中，你的思考很棒，赞！♡
3.25

2019年3月22日 星期五 晴

今天，我突然想到数学计算是国时使用阿拉伯数字。为什么不它国家是用什么数字表达方法计算呢？还有其它数字的写法吗？

我查了百度，发现阿拉伯数字是由古印度人发明的，后由阿拉伯人传向欧洲，再传到全世界，成为通用的计算符号。中国数字是由甲骨文和金文变成的。因为这要用全世界都会的阿拉伯数字符号——罗马有一种常用的数字符号。我在学音乐的时候也会用到它。

阿拉伯：1、2、3、4、5、6、7、8、9、10。

中国：一、二、三、四、五、六、七、八、九、十。

罗马：I、II、III、IV、V、VI、VII、VIII、IX、X。

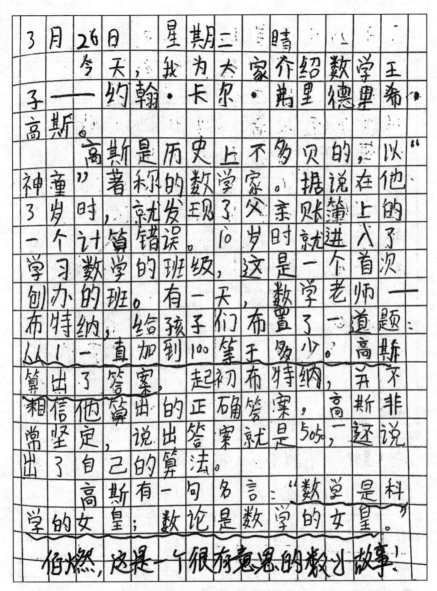

3月26日　　星期二　　晴
　　今天，我为大家介绍数学王子——约翰·卡尔·弗里德里希·高斯。
　　高斯是历史上不多见的，以"神童"著称的数学家。据说在他3岁时，就发现了父亲账簿上的一个计算错误。10岁时就进入首次学习数学的班级，这是一个首次创办的班。有一天，数学老师——布特纳，给孩子们布置了一道题从1一直加到100等于多少。高斯从1一直加到100算出了答案。起初布特纳，高斯并非相信他算出的正确答案，高斯还说常坚定，说出答案就是5050，还说出了自己的算法。
　　高斯有一句名言："数学是科学的女皇；数论是数学的女皇。"
　　佰燃，这是一个很有意思的数学故事！

图1　学生关于数学典故的日记

（2）课堂上开展丰富的数学活动和游戏，鼓励学生把所经历的数学活动和数学游戏的过程记录下来，同时记下自己参与其中的感受和思考。如图2所示。

班级 二(4)　　姓名 蔡潞　　学号 1号

① 数学日记　10月18日 晴

在家里，我发现了一个魔方，意外发现魔方有6个正方形，陈校长说过，正方形4个边相等，我用米尺量了一下，我算一下一个面的周长是多少？我想了一下，我想应该是这样算的：4×6=24（厘米），同时我还发现魔方还有24个角，列式我：6×4=24（个）魔方在手快乐无穷。

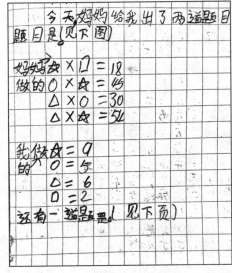
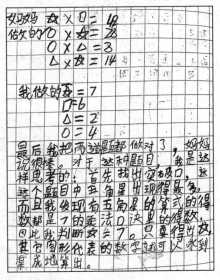

图2 学生的数学活动日记

（3）努力挖掘生活素材。老师有意识地引导学生有目的地观察生活，把他们观察的结果写出来，学生参与的积极性很高。学生尝试用数学的眼光、数学的思维分析观察所得，良好的数感慢慢得以养成。如图3所示。

魅力的**数学**老师

11月1日　　星期四

今天，我看到晚会消息，央视主持人李咏去世了！李咏今年才50岁，这么年轻就去世了，是因为癌症。

联欢美心的熟悉的么患身体免疫功能不把癌症病人了吧！

原来是恶性肿瘤突变，使癌细胞在身体内能生长治疗，致健康人每年新增200万，死亡150万的癌症病人。

台几人很伤心啥咏是自身体内。如果统计，中国每年很快就会死亡，都会新增200万，每年死得太多。哇！看看下面这幅图就知道了。

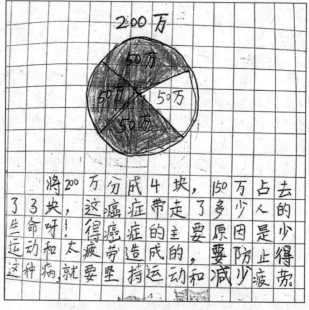

200万
50万
50万　50万
50万

将200万分成4块，150万占去的少得了3块，这癌症带走了多少人的生命呀！太可怕了。得癌症的主要原因是要防止疲劳，癌症造成的主要原因是要减少疲劳和运动。这种病就要坚持运动和减少。

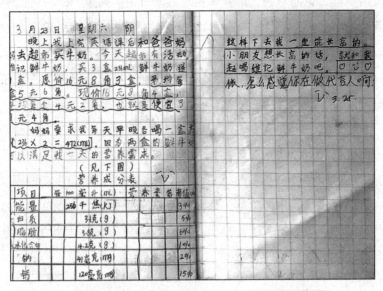

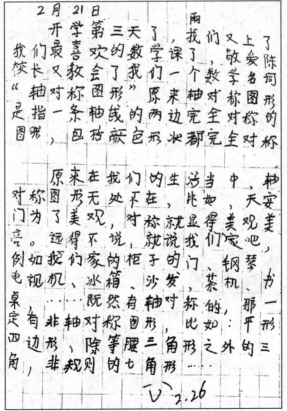

图3 学生源于生活素材的日记

2. 灵活变换日记的形式，培养学生写数学日记的兴趣

新课程的作业观认为：“要让学生学会从数学的角度提出问题、理解问题，并能综合运用所学的知识和技能解决问题，发展学生的实践能力和创新精神。”一、二年级一般不布置书面作业，写数学日记可以作为作业的一种新形式。针对学生的年龄特点，对日记书写不提过高要求，自由度大，学生兴趣高。

（1）图文日记。学生通过画一画、写一写，回忆和记录当天数学学习和活动的情况，还可以编一些相关的练习，用自己喜欢的、形象生动的图文方式去感受生活、记录生活、思考生活，逐步提高写日记的能力。图文日记能提升学生写数学日记的兴趣，有效提高学生的观察能力和口头表达能力，为提高审题能力打下基础。如图4所示。

4月26日
今天，我看了一本书叫《恐龙百科全书》(变化中的星球) 地球总是在不断地变化着，陆地在地球表面缓慢地移，慢慢地改变了地球的外
(侏罗纪)

(侏罗纪)
距今2亿—1.45亿年前
盘古大陆在距2亿年前分裂成两大州，海水淹没了大地，创造出绵延数千里的浅海区域。

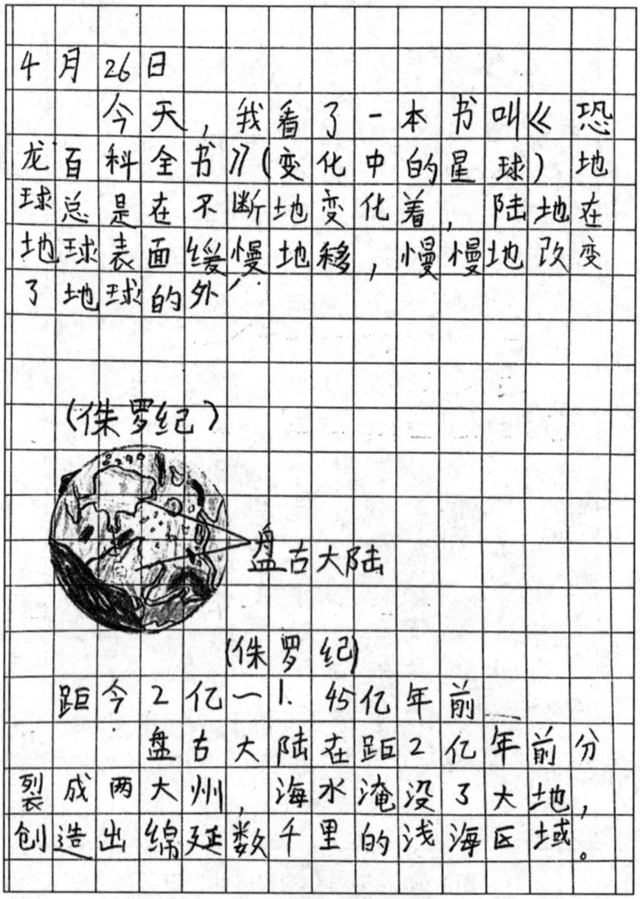

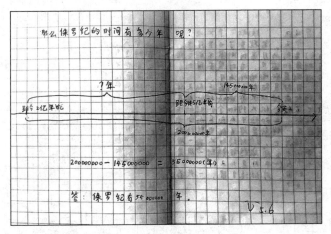

图4　学生的图文日记

（2）生活日记，即记录生活中学生发现的数学问题以及对这个问题的思考。数学来源于生活，生活离不开数学。用数学的眼光观察世界，将生活中的数学问题记录下来，将自己运用数学知识解决实际问题的过程记录下来，是数学日记的主要内容之一，能够让学生切身体会到数学的应用价值。学生把在生活中成功应用数学知识解决问题的故事写了出来，文中洋溢着成功的喜悦！这种让学生遇到什么写什么的日记形式，深受学生的欢迎。如图5所示。

12	日	1	日		星	期	六		晴			
		令	天	上	午	，	妈	妈	带	我	去	汉普森
上	课	。	上	完	课	以	后	，	我	们	走	到
看	见	了	一	位	老	奶	奶	坐	在	马	路	边
上	铺	着	一	张	棉	布	，	棉	布	上	放	着
柠	檬	和	香	草	。							
		这	时	，	妈	妈	若	有	所	思	地	走
问	"	老	奶	奶	，	柠	檬	怎	么	卖	"	老
说	"	5	元	3	个	。	"	妈	妈	给	了	15
走	了	9	个	柠	檬	并	叫	嘱	老	奶	奶	早
家	不	要	太	辛	苦	了	。					
		我	知	道	，	妈	妈	付	了	15	元	本
可	以	拿	走	9	个	柠	檬	的	。	我	也	知
妈	买	柠	檬	的	目	的	是	为	了	能	让	老
有	收	入	，	能	早	点	卖	完	回	家	。	

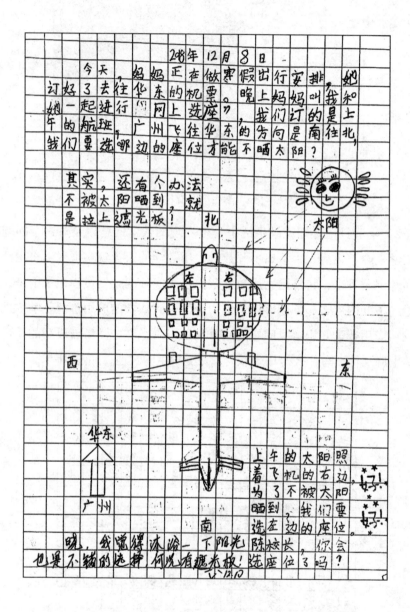

2018年 12月 8 日

今天妈妈正在做寒假出行安排，她订好了去往华东的机票。晚上妈妈叫我和姐姐一起进行"网上选座"，我和姐订的是南往北，广州飞往华东的。我们为了不晒太阳，我们要选哪边的座位才能不晒太阳？

其实，还有个办法就是拉上遮光板！不被太阳晒到。

北

太阳

左　右

西　　　　东

华东

广州

南

上午的太阳照着飞机的右边，为了不被太阳晒到，我们要选左边的座位，你会选座位了吗？

哦，我觉得沐浴一下阳光也是不错的选择，何况有遮光板！选座位。　陈校长

V.12.10

12月 12日　　星期三　　　晴

　　今天最令我高兴的事情是我们体育系
清水系统职工气排球比赛越秀区组的冠军奖
我们亲爱的陈校长捧起了冠军的
杯。

　　我们的陈校长就是代表队中一姐加盟
名重要女将（场上队员3男2女）。
每天都要从百忙之中抽空出来参战(陈校长)率
训练，历时2个小时以为傲的上场
多月，打出了引以为傲的成绩。

　　老师　陈校长，您是我
（对手）们学习的榜样，
　　　　　我们以你为豪！

谢谢依依，我们团队共同努力才拿到冠军♡

2018 年 12 月 31 日　　星期一　　阴

今天是 2018 年的最后一天，时间过得真快！记得一年多前，刚学完拼音，亲爱的范老师让我们每天坚持 20 分钟阅读，是为了让我们灵活应用拼音和认识更多的字。于是，我每天都按范老师的要求进行课外阅读。目积月累，我惊奇的发现到现在为止一共阅读了 427 天。那么我一共用了多少分钟？427×20=8540(时钟中)

$$\begin{array}{r} 427 \\ \times\ 2\,,20 \\ \hline 8540 \end{array}$$

哇！哪知不觉的我读书时间越来越多了！怪不得我认识的字越来真不少，我还要继续坚持阅读，不积越认识更多的字和好词好句。不积小流，跬步，无以至千里；无以成江海。

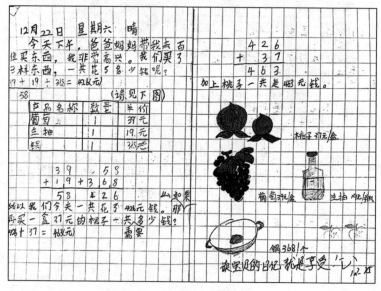

12月22日　星期六　晴

今天下午，爸爸妈妈带我去了百货去买东西，我非常高兴。我们买了3样东西，一共花多少钱呢？
39+19+318=42&(元)
58
(请见下图)

产品名称	数量	单价
葡萄	1	39元
生抽	1	19元
锅	1	368元

$$\begin{array}{r} 39 \\ +19 \\ \hline 58 \end{array}\quad\begin{array}{r} 58 \\ +368 \\ \hline 426 \end{array}$$

所以我们今天一共花了426元钱。

如果那需要

$$\begin{array}{r} 426 \\ +\ 37 \\ \hline 463 \end{array}$$

加上桃子一共是463元钱。

桃子37元/盒

葡萄39元/盒　　生抽19元/瓶

锅368元个

假如我们今天一共花了426元钱。
手买一盒37元的桃子一共多少钱？
426+37=463(元)

敬爱的日记 我是享受

12.22

图5　学生的生活日记

（3）课堂日记。主要是学生将自己在课堂上学习的情况记录下来，内容一般包括自己学习时的收获与疑问以及课堂上的讨论、发言、操作、实验、解决问题的方法、思考问题的过程，等等。

学生在数学日记中把自己要对数学老师说的心里话都写上了，老师看后，通过个别谈话或在学生数学日记上写评语，能使学生与数学老师互通信息、交流感情，也能使老师了解学生学数学时的心理状况和实际问题。从而使老师上数学课时能对症下药、因材施教，同时能更好地发现学生思维的"闪光点"，加以鼓励和表扬。如图6所示。

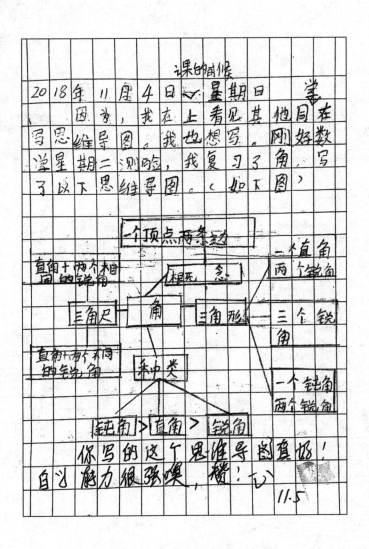

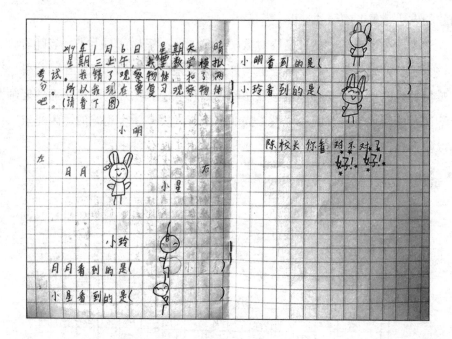

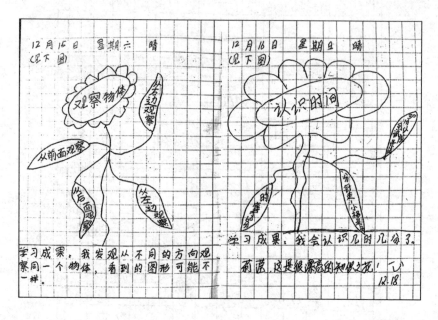

致 刚心除法就领会得很好了，赞！心✗2

2019年3月31日 星期天 雨

上星期我学了2—6的除法。

比如：（如下图所示） 8个苹果（连一连）

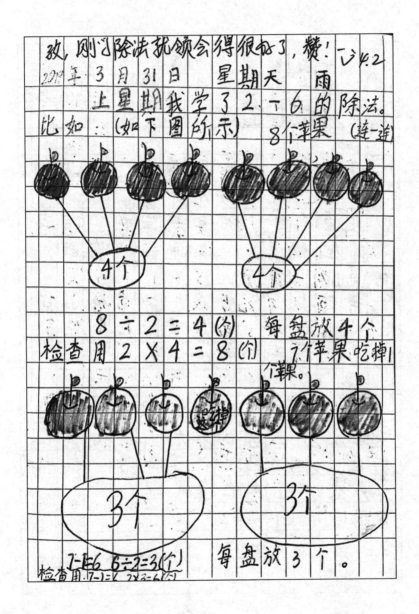

8÷2＝4（个） 每盘放4个

检查用 2×4＝8（个） 7个苹果吃掉1
个苹果。

3个 3个

每盘放3个。

7—1=6 6÷2=3（个）
检查用：7—1=6 2×3=6（个）

4月 28 日　　阴天

这一两周，我们学习了《混合运算》我来复习一下吧！

1. 没有带小括号的①算式里只有加减或乘除法，从左到右顺序计算。
②在算式里，如果既有乘、除法，又有加、减法，先算乘、除法，后算加、减法。

2. 带有小括号的①在计算带小括号的算式时，要先算小括号里的，号的算式再算小括号外面的。

3. 关于合并成一个综合算式的题目，我掌握的不太好，我要在巩固，如：把 8×7=56，42÷6=7 合并成一个综合算式（?）

思路1： 7 = 42÷6

8 × 7
42÷6

⟶ 8×(42÷6)=56

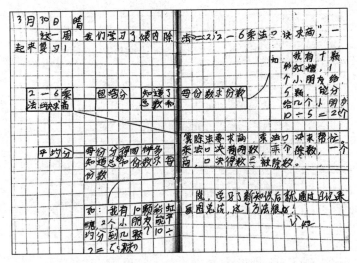

图6　学生的课堂日记

（4）导图式日记。思维导图是一种将思维形象化的方法，其运用图文并重的技巧，把各级主题的关系用相互隶属与相关的层级图表现出来，把主题关键词与图像、颜色等建立记忆链接。思维导图简单却很有效，是一种实用的思维工具。借助数学日记这一媒介，可以让学生充分认识思维导图，大胆尝试用思维导图进行表达，在制作思维导图的过程中感受其强大。导图式的数学日记使得学生表现出更多的创造力，节省时间、简单清晰地解决问题，集中注意力，对数学学习进行梳理并使它逐渐清晰，更好地记忆，更高效、更快速地学习，看到"全景"，懂得与别人沟通。如图7所示。

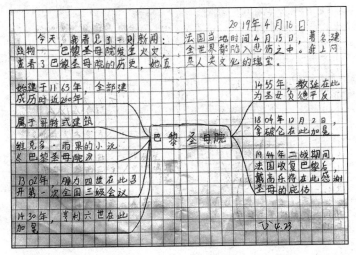

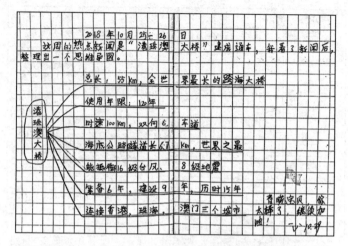

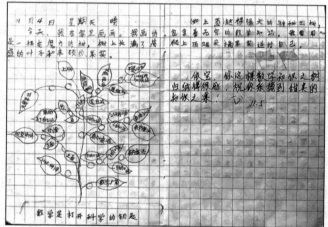

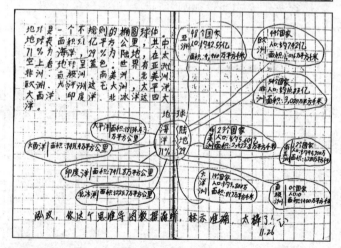

图7 学生的导图式日记

（5）时政类日记。时代的发展日新月异，能够适应未来高速发展的人才必须具备捕获信息和善于运用资源的能力。借助数学日记这一平台，笔者鼓励学生要做一个"有心人"，在读书学习的同时关注时事和新闻，用心感知世界的变化。在数学日记中，能感受到学生知识面宽广，对事物有自己的见解和思考。如图8所示。

> 2018年　11月　五日　晴
> 今天公布：重庆公交车坠江事故原因激烈，注。因为执勤我们一起看到这信息很激动，事致"情绪激动""事件什么"。妈妈和我一个阿姨妈妈知道数养，妈妈说这事他们为什么坠江他们有卡楼。剧稳定15人死亡逃生机率很快很低，而且水深60米。我在想60米有卡楼。我家一层楼有3米高，10×30(米)=300(米)三十层刚好60米。

12月3日：　　星期一　　晴

　今天妈妈和我讨论中国一位很出名的歌手"陈XX"吸毒被拘的新闻，我听了之后觉得很恶心。"陈XX"他本来是个健康向上的歌手，有很多人喜欢听他唱的歌。为什么突然变得这么堕落呢？？？我们来找一找原因吧！首先，我们先来解一下什么是毒品，以及毒品对人类的危害。毒品是指鸦片吗啡、海洛因……等麻醉药品和精神药品，它的危害主要是(1)、对身体的危害。吸了毒品的人会产生精神幻觉，思维障碍，身体机能受到严重伤害。(2)、对社会的危害。吸毒的人因为控制能力差，有幻觉，经常会做出违法犯罪活动。从以上两点，可以看出毒品对人类的危害性非

常大。我国吸毒人数由2017年的
295万下降到2018年的172万，那么
总共下降了多少万呢？

295 - 272 = 23(万)

$$\begin{array}{r} 2\ 9\ 5 \\ -\ 2\ 7\ 2 \\ \hline 2\ 3 \end{array}$$

　　从这一数据可以看出中国
政府对吸毒人员管理更加严格。
吸毒人员通常都是因为自身控
制能力差造成的，陈羽凡也是控
制能力差和交到不好的朋友才
吸毒的。
　　让我们珍惜生命，远离毒
品吧！
　　柏毅　你的分析非常到位，
这篇好文值得我们每个人学习
并深思！
　　　　　　　　　　　T 10.4

2018年10月31日　星期三　阴
　　我听了港珠澳大桥的报道，
我很高兴。我还了解到这座港
珠澳大桥的名字是怎么来的，是
因为这座桥东连香港，西接珠海
和澳门。
　　它跨的海叫伶仃洋。港珠澳
大桥就像一条巨龙一样，跨过这
片巨大的大海。
　　港珠澳大桥长55公里，一公
里等于一千米，所以它长55000米。
55 × 1000 = 55000(米)　米等于一百厘米，
所以它长5500000厘米。
5500000 × 100 = 5500000(厘米)
　　这座桥真是中国人的骄傲！

3月31日　　星期日　　晴

　　我这几天看新闻，说国家主席习近平在3月21号—26号共6天时间里，访问了欧洲三个国家，与欧洲意大利、摩纳哥、法国，增进友谊，共同发展。

　　我把访问的过程画图归纳如下。

一、访问国家顺序：

第一站

意大利

↓

第二站

摩纳哥

↓

第三站

法国

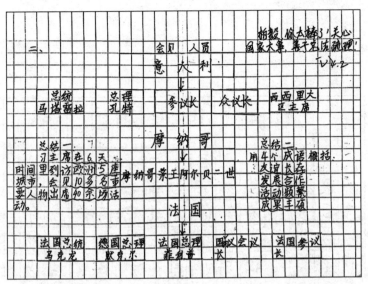

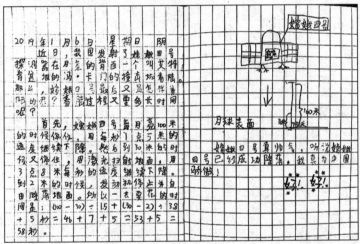

图8　学生的时政类日记

（6）阅读日记。英国哲学家培根曾说过："书，是人类进步的阶梯。"培根还进一步说："读史使人明智，读诗使人灵秀，数学使人周密，科学使人深刻，伦理学使人庄重，逻辑修辞之学使人善辩，凡有所学，皆成性格。"一个人文化功底的锤炼和文化素养的提高，都来自读书和对书籍的理解感悟和思考。而引导学生阅读并不只是语文老师的责任，所有教育者都应该成为学生阅读路上的引领者。因此，笔者从学生低年级开始就借助数学日记这一平台，培养他们阅读和把阅读所得书写出来的习惯。如图9所示。

11 月 6 日　星期二　　阴

今天，我看了一本书。叫《小学生日记》的一本儿童书。书中讲了五(3)班的全体同学在讨论一个"小学生到底有没有工作？"没有作。

有的男同学认为小学生只是学习，没有工作，因为赚不到钱，所以觉得小小作。

另一个女同学樱桃说得对，虽然赚不到钱，但越学习得越好，是不是呢？

学生樱桃学习，能赚到钱，就越多，大家说人长大后要有组织能力、创造能力。

爸爸告诉我，工作能力、生活能力、组织能力、创造能力，都必须从小培养起；长大后才能为社会创造更多财富，

5 种决策这些能力

做出更大贡献。我们再来看一组、我和爸爸在网上找来的图:

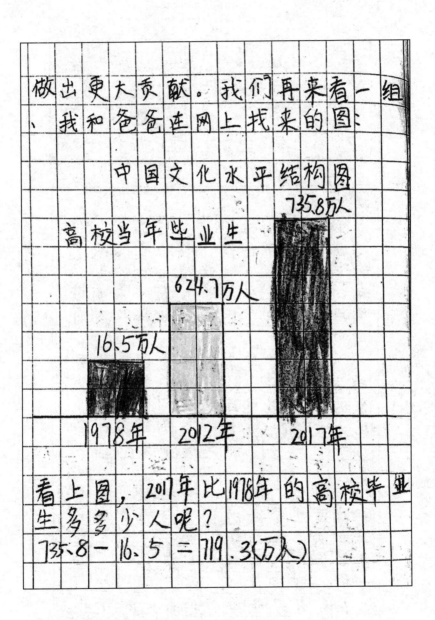

中国文化水平结构图

高校当年毕业生

735.8万人

624.7万人

16.5万人

1978年　　2012年　　　2017年

看上图, 2017年比1978年的高校毕业生多多少人呢?
735.8 - 16.5 = 719.3(万人)

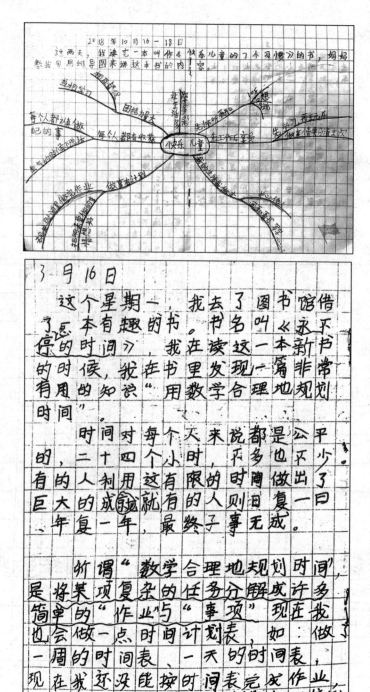

图9 学生的阅读日记

3. 分层指导,逐步提高书写日记的能力

(1)由扶到放,循序渐进。指导学生写数学日记应是一个由扶到放、循序渐进的过程。学写初期,我们可以帮助学生命题,让学生有内容可写。在此基础上,可根据自己的实际情况不定期完成一定字数的数学日记,然后逐渐提高日记的质量。

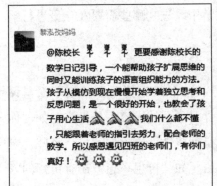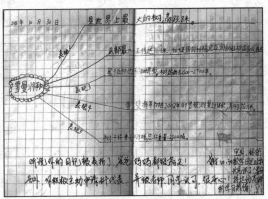

图10 家长对孩子写数学日记的反馈

(2)由单一到多样,丰富日记类型。在数学日记的学写之初,学生已会的知识少,认识的字也不多,写的内容比较单一,文字表达的局限性大。笔者结合低年级学生的年龄特点,先设计口头日记,接着设计图画日记,让学生初步感知"数学日记";然后指导学生写图文日记和课堂日记,回忆和记录当天数学学习和活动的情况。要加强写课堂日记的指导,不要急于求成。同时多收集形式不一的数学日记,归类、张贴在教室墙上,帮助学生打开思维空间。

(3)加强分层指导,让不同学生有不同的发展。学生间存在的学力差异是较明显的,我们据此对不同学力的学生提出不同的要求。如对学力较弱的学生只要求做口头日记,或图文日记只写一两句话;对学力一般的学生要求能写几句就写几句,及时表扬进步情况;对学力较强的学生不仅要求能写出以上要求的日记,还要引导并鼓励其写出更高层次的日记。

三、数学日记的评价机制

数学日记中不仅有学生的理性思考,还散发着浓浓的人情味,飘溢着奇妙的幻想，倾注了丰富的学科情结。作为老师，要认真对待学生写的每一篇数学日记。

1. 及时阅读，适当归类

为了提高学生写数学日记的兴趣和能力，笔者对学生每一篇数学日记都及时阅读，根据学生所写的内容进行大致整理和归类。看看学生提出了哪些方面的问题、意见和建议，有哪些想法是创新的、有参考价值的；看看哪些需要老师解答或个别辅导，哪些需要在今后的教学中改进，哪些需要在全班进行辅导，等等。

2. 评语沟通，动之以情

我们批改数学日记时，根据学生的个性特点和日记情况在日记下面写评语。评语通常分为三类：一是鼓励性评语，针对日记的内容表扬肯定，如“你真了不起，我们班将诞生一位数学家”；二是期待性评语，如“再认真些，老师相信你一定会学得更好”；三是商榷性评语，如“再想一想，还有更好的方法吗”。如图11所示。

2018年12月13日 星期四 晴
前几天，我们的陈校长参加了“2018年越秀区教育系统职工气排球比赛”经过学校老师的拼搏，夺得了区小学组的冠军，太厉害了，这可是我们陈校一次参加比赛呀！陈校长告诉我们她一共打了五场硬仗，合计12局比赛。虽然很累，但陈校长还是这样坚持了11个全局的上场率，好棒啊！一定要向陈校长学习，学习她的聪明与拼搏，还有团队精神。
欢，因为有宝贝们的支持，老师们都很努力！
12.18

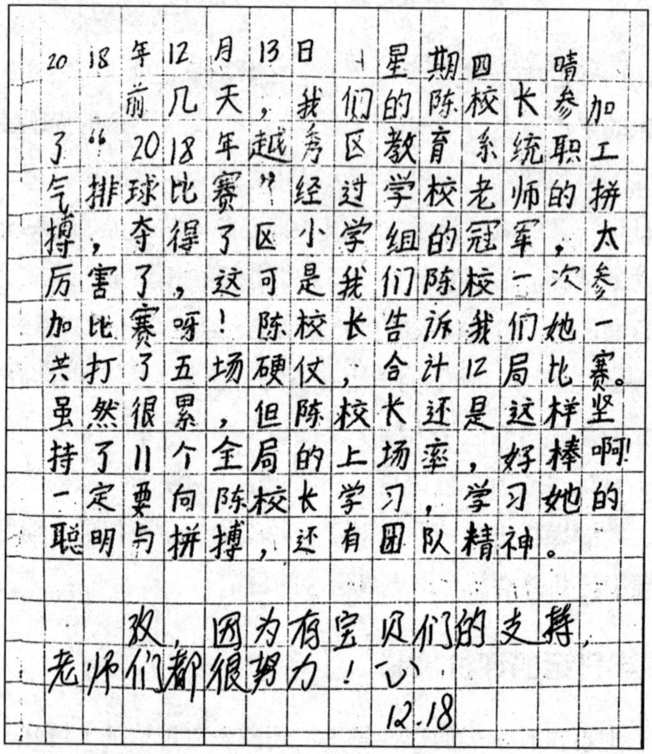

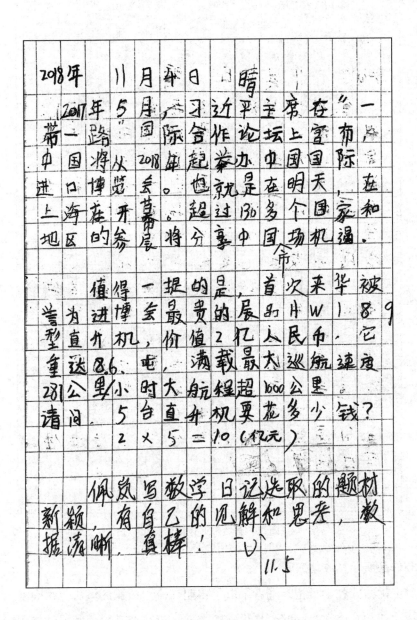

2018年 11月 半日 晴

　　2017年5月，习近平主席在"一带一路"国际合作论坛上宣布，中国将从2018年起举办中国国际进口博览会。也就是说在明天，在和上海地区的参博展将分享中国超过130多个场机。

　　值得一提的是，首次来华被誉为进博会最贵的展品HW189型直升机，价值2亿人民币。它重达8.6吨，满载最大巡航速度281公里/小时，最大航程超1000公里，请问5台直升机要花多少钱？
　　　2×5=10.（亿元）

　　佩岚写数学日记选取的题材新颖，有自己的见解和思考，数据清晰，真棒！
　　　　　　　　　　　11.5

145

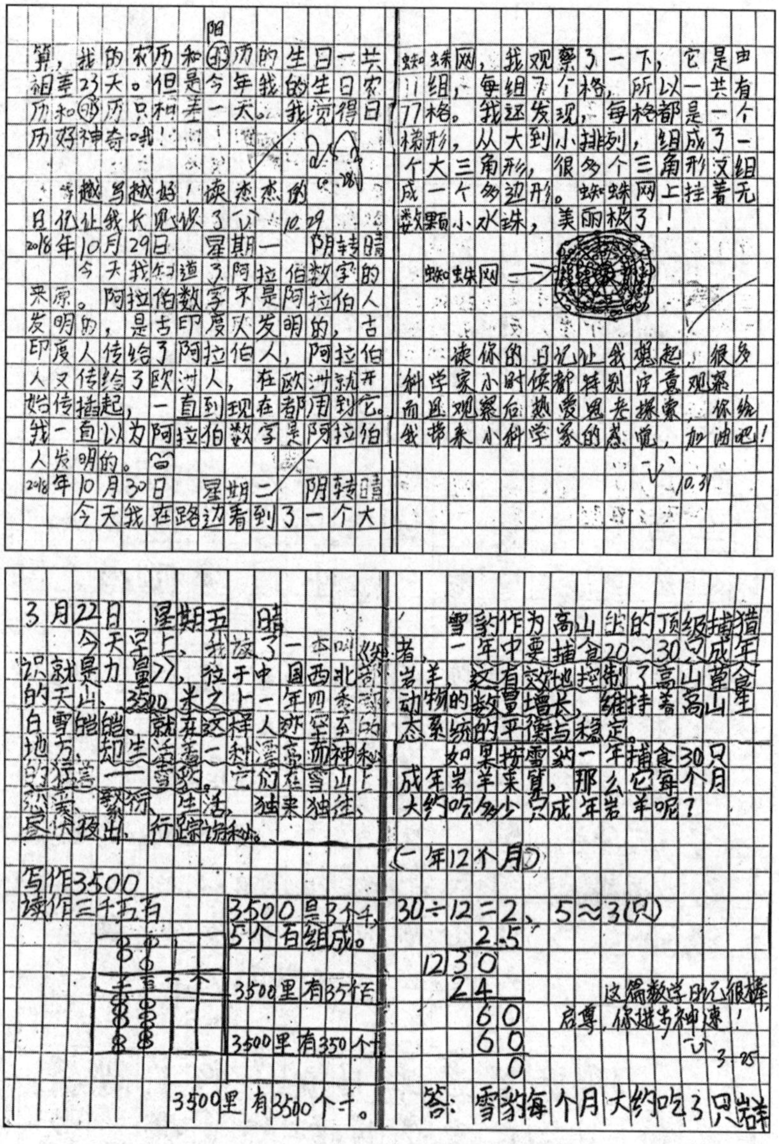

图11 有老师的评语的日记

3.作品展示，成功激励

对于优秀的数学日记，笔者采取了定期交流、展览的做法。每周都会利用一节活动课和全体学生一起分享优秀的数学日记，对有价值和引领作用的数学日记还会发布在微信朋友圈，让家长和同行都能看到学生的成长。学生体会到了成功的乐趣，积极性非常高。

当然，数学日记只是评价学生学习的途径之一，我们不能因为评价而加重学生的负担，在规定内容的同时，还要注意量的控制，否则会引起学生的厌烦情绪。通过实践，笔者体会到，写数学日记可以增进学生对数学的理解和学好数学的信心，可以加强师生之间的情感交流，改进老师的教学，这样一学多得的事，何乐而不为呢?

四、数学日记的作用

1. 有利于建立新型的师生关系

教学活动是师生的双边活动，而学生是学习的主体。学生可以在日记中写他们对数学学习的情感、态度、挫折、成功等，甚至写对老师的希望；老师则可以在评语中因势利导，因人而异进行疏导、表扬、鼓励。数学日记使学生敞开了心扉，使老师更广泛、更深刻地了解学生。老师可以及时调整教学内容，改进教学方法，使课堂教学更贴近学生的生活。数学日记沟通了老师与学生，学生能体会到老师的关爱，师生间心灵的距离拉近了，容易建立起平等、民主、和谐的师生关系。

2. 数学日记培养了学生的反思意识

数学日记为学生提供一个用自己的语言表达数学思想方法和情感的机会，可以写对知识的理解、自己的思维方式，也可以对自己所学数学内容进行总结，还可以反思自己解决问题的策略以及自己的学习收获与不足。数学日记使学生具备了一定的反思能力，由被动接受转向主动参与，更有利于发扬成绩、矫正问题。数学日记有利于学生巩固所学的知识，培养反省能力。因为写数学日记，学生就必须动脑思考，回顾自己学习的知识，回顾自己的学习过程，分析得与失，总结经验。这样，知识在回顾中得到了巩固，自我评价的能力在反思中得到了提高。正如颜之推所言："少成若天性，习惯成自然。"低年级的学生若能从小形成良好的反思习惯，能与人合作，积极主动地交流自己的想法，对以后的学习会有很大的帮助。

3. 有利于增强学生的应用意识

数学来源于生活，现实生活中蕴含着大量的数字信息。引导学生用数学的思维方式去观察分析现实社会，并用日记的形式记录下来，可以增强学生应用数学的意识。同时，写日记不受时间、空间的限制，表达比较自由。学生可以对某一个问题、某一现象进行深入的思考探讨，从而产生许多与众不同的想法，或有异于他人的解决问题的策略，闪现出创造性思维的火花。通过数学日记这种课外作业的形式，使数学教学真正面向全体学生，实现"人人学有价值的数学，人人都能获得必需的数学"。

4. 有利于老师改进教学、提高水平

数学日记提供了大量的信息，既有知识方面的，又有情感、态度方面的。老师要善于根据这些信息，诊断学生的困难，反思自己的教学行为，及时调整、改进教学，努力适应学生学习的需要。这对提高老师的教学水平无疑有重要的促进作用。

5. 提高学生能力

通过写数学日记，使数学与各学科有机融合，让学生综合运用所学知识解决实际问题，从而提高学生的综合能力。

五、推广数学日记要注意的要点

第一点，在数学日记的时间与内容形式上，老师不必对全体学生进行硬性的规定与限制，应尊重学生的个体差异，留给学生充分思考的空间与时间，让学生自觉主动地去反思。

第二点，在日常教学中，很多学生的数学作业与试卷表达不规范，逻辑结构不是很清晰，数学语言也存在运用不当的现象，而教学日记的书写无疑为这些学生提供了一个很好的练习舞台。数学教学若能注意培养学生规范表达数学语言的能力，相信以上这些现象都会有所改善。

从低年级开始培养学生写数学日记的兴趣与能力，既能使得学生拓宽知识面，体验成功的乐趣，激发他们热爱数学，树立学好数学的信心；又能让学生养成反思性学习的习惯，对数学知识加深理解、体验与反思，进一步发展学生的思维。

新课程下的课堂是有生命力的，课堂中生命的意义在于使每一个生命都感到新的成长和发展。课堂是学生生长的地方，让学生在主动参与中发展，学生通过体验去认识事物，让学生在独立探索中成长，在自主发展中成熟。因此，老师的职责就是要给知识注入生命，把学生领到美好的学科殿堂去遨游，点燃学生渴求知识的欲望，让他们在体验中获取新知，绝不能把他们当作是简单的知识容器。所以，要求老师把课堂还给学生，把讲台还给学生，把书本还给学生，让每个学生都可以走上讲台发表自己的见解，可以随时把自己的想法告诉老师和同学。

第六章

魅力教师之技巧篇

用好《教师教学用书》，助推有效教学的实施

　　《教师教学用书》是与义务教育教科书配套的一本工具书，是教师备课的好帮手，上好一节数学课首先要研读《教师教学用书》。为什么要研读这本书呢？因为这本工具书能让教师更深刻地理解教材体系结构，明确课程教学目标。

　　《教师教学用书》是由教育前辈和教育专家的教学经验总结提炼而成的，书中不仅有把控教学过程的指导，还有对教学重难点的分析以及教学中可能遇到的问题的提示，是教师在教学中不可或缺的重要参考资料。所以，如何用好《教师教学用书》是每个教师在职业生涯中都需要思考的问题。

一、《教师教学用书》的重要性

1.《教师教学用书》对教师的重要性

　　英国的哲学家、数学家罗素曾经说："有经验而无学问胜于有学问而无经验。"这句话一针见血地道明了经验的重要性，而对很多教师尤其是新教师来讲，往往欠缺的就是经验。要说知识储备，相信为人师者肯定是游刃有余的。但提及经验，往往需要十年、二十年甚至更长的时间去积累，这对大部分教师来说并不是一件可以一蹴而就的事。那么，没有经验的教师应该怎么办呢？那就只能吸取别人的经验了。而《教师教学用书》就是汇集了众多教育前辈的经验之谈，大到教学目标，小到习题指导，《教师教学用书》都给出了教学建议。除此之外，一些教学过程中可能遇到的问题也会在书里点出来。对于缺乏经验的教师来说，《教师教学用书》就像宝宝用的学步带一样，扶持着新教师坚定前行，让他们在不断地摸索中逐步成长，变得步履稳健。而对于经验丰富

的教师来说，《教师教学用书》则像指南针，在教师形成个人独有的教学风格的同时，指引着教师教学的方向永不偏离。

2.《教师教学用书》对备课的重要性

正如前文所说，《教师教学用书》大到教学目标，小到习题指导，都给出了教学建议。除此之外，每个单元还有相对应的备课资料以及优秀教学设计的展示，对教师把握课程的重难点以及教学过程节奏的把控都起到了非常积极的作用。以《教师教学用书》人教版数学三年级上册的第一单元为例，备课资料里给出了"时间概念形成的心理基础"这样一些关于心理学的知识，这对于教师来说是很宝贵的资料。因为它可以提醒教师在备课的时候考虑到这个学龄段的学生心理，从而选择更加适合学生、贴合学生实际的授课方式，让学生更享受课堂。类似的例子多不胜数，可见用好《教师教学用书》对教师备课的帮助是非常大的。

3.《教师教学用书》对教学实施的重要性

教学实施是每一堂课的主心骨，串联着整节课的内容，可以说是老师必备的一项素养。可是，做好教学的实施却不那么容易。如果只是看着书本凭空开展教学，往往会把课堂理想化，而忽略了教学中可能出现的问题，后果就是课堂上的节奏被打乱，影响了整节课的效果。以人教版数学三年级上册的第四单元为例，在"连续进位加法"这个知识点下，《教师教学用书》特意提醒了连续进位是学生学习的难点，提醒教师算理对学生来说虽然不难理解，但计算时学生却很容易出错，所以一定要关注学生中出现的错误，设计一些针对性的练习，而且保证一定量的训练时间和数量，这也就提醒了教师在教学实施的过程中应该如何把握重难点。

二、如何用好《教师教学用书》

以《教师教学用书》人教版数学三年级上册的第二单元为例。

1. 用好《教师教学用书》，辅助备课

《教师教学用书》对每一个教学单元都列出了教学目标、内容安排及其特点和教学建议等重要教学信息，供教师参考。《教师教学用书》的使用必须贯彻在整个学期的教师备课工作中：①制订学期教学计划时结合《教师教学用书》对教材的内容进行分类；②单元备课时结合《教师教学用书》明确单元目标；③课时备课时结合《教师教学用书》明确教学任务。《教师教学用书》人教版数学三年级上册第二单元里的教学目标明确提出，应该使得学生正确口算两位数加、减两位数，而且能正确计算二三位数加、减二三位数。要求学生在解决具体问题的过程中学会应用合适的方法进行加、减法的估算，要求教师培养学生估算的意识和能力，还要使学生根据具体情况选择最适合的方法解决实际问题，通过逐步提升这种意识来让学生体验解决问题策略的多样性。根据以上教学目标的要求，老师在备课的时候就可以明确这个单元的重难点，针对如何讲好重难点来调整教案。第二单元中的一个重点就是要使学生掌握两位数加、减两位数的口算方法，老师备课时应在讲授算理上多花功夫，思考如何把算理说清、说透。加上第二单元中的难点就是正确口算出两位数加两位数的进位加法，这就要求教师必须在把重点讲清、讲透之后还要对这个知识点多巩固，让学生多练、多做，留意学生练习反映出来的问题，并及时解决。

2. 用好《教师教学用书》，展开有效教学

《教师教学用书》的说明中提到，新的教材是在总结了以往九年义务教育小学数学教材研究和使用经验的基础上编写的，经过了国家级实验区和省级实验区实验使用证明，更是通过了国家基础教育课程教材专家工作委员会的审查。换言之，就是吸收了以前书本的精华，再加上多位专家的教学经验编辑而成的一本书。所以，教材里的每一页都有其设置的目的和深意，同时也为教师的教学过程与教学思路提供了可借鉴的信息。因此，如何把课本研读通透，对教师展开有效教学来说至关重要。

（1）分析主题图。教科书每一个单元都由一个主题图开启，主题图往往蕴含着数学信息，也为接下来要讲授的知识提供了铺垫和引入的功能。但是如果对主题图不够重视，只是单纯地把主题图当成一个引入的图片，那么教学上就很容易出现这样一种情况：老师把主题图展示出来问学生看到了什么，学生作为孩童具有丰富的想象力，所以回答往往是不着边际、天马行空，迟迟没有回答到教师想要的点上。这种情况既浪费课堂时间，又容易让学生变得过于兴奋，从而使课堂更难把握，最终影响了整节课的教学效果，还有可能需要再花更多的教学时间去弥补，进而拖慢了教学进度。所以，如何合理利用好主题图就成了教师必须思考的问题。

以《教师教学用书》人教版数学三年级上册第二单元为例。主题图给出了一个学校一到六年级的学生坐车去上海世博会的场景。其中，每一个班都有一个学生举着一个牌子写着该班级的人数。这就说明，该主题图蕴含的数学信息非常丰富。如果只是简单地问学生看到了什么，就会有很多种答案，很可能出现前文提及的情况。针对这一情况，《教师教学用书》给的建议是先介绍世博会，以此来激发学生的学习兴趣。还补充了一个提示，如果教师觉着上海世博会离学生实际生活较远，学生不好理解，教学时可以根据当地的实际情况更换素材。备课之初，我们考虑过将世博会替换成本地的著名景点，可是后来考虑到上海世博会的成功举办是中国的一件大事，且从世博会本来的文化意义出发，最后还是决定沿用书本的素材，准备在课堂上给学生介绍上海世博会。确定了继续使用该素材之后，需要思考的问题便是在课堂上如何引导学生提出跟本单元相关的数学问题。根据《教师教学用书》的建议，可以将学生在观察主题图时提出的问题进行分类。书上提供的思路是先找出需要用加法解决的问题，先解决不涉及进位的，再解决涉及进位的。在实际教学中，这个方法既鼓励了学生提问题的积极性，也成功地把问题的范围把握住，为之后的讲授新知做了一个很好的铺垫。

（2）分析例题。学生很多时候在课堂上做练习全对，但是课后作业却出现各种错误。这种情况形成的原因有很多，其中一种原因就是没有把例题完全弄懂。这就要求教师在讲解例题时要把例题挖深、挖透，务求把知识点讲得滴水不漏。因此，在备课的时候必须要认真研读《教师教学用书》。《教师教学用书》人教版数学三年级上册第二单元的第一个知识点是口算两位数加两位数（不进位），这同时也是本单元的重点，所以在讲授新知的时候一定不能出错。《教师教学用书》特别详细地介绍了教材每一步的含义以及教学过程的把控和设计，还提醒了哪里该放手让学生自主探索。除此之外，还特意提醒了可以将新知转换成学生已经掌握的、比较容易的口算，渗透转化思想，并且让教师注意让学生多说口算的思路来反馈学习成果。最后再让学生利用主题图中的信息自己提出问题并进行解答，达到多练的效果。由此可见，《教师教学用书》已经把整个教授新知的过程中需要注意的地方，如何教授、如何巩固等都一一罗列出来了。对于有经验的教师来说，无疑起到了温故知新完善教学方法的作用；对于缺乏经验的教师来说，更像是一根盲人拐杖，让新教师走得更稳。

在实际教学口算两位数加两位数（不进位）这个知识点时，我们借鉴了《教师教学用书》的建议，首先放手让学生去探索尝试。然后把学生的不同思路以思路图的形式板书在黑板上，让学生多说几遍，把口算的思路说清楚。并且依照《教师教学用书》的提议，鼓励学生体会算法的多样性，并且对不同的算法进行比较和反思。最后选择了主题图让学生试一下自己提出问题并进行解答。这种练习既调动了学生的积极性，又能起到巩固的作用，可谓一举两得。

（3）分析练习。教学时除了新知教学外，习题的练习和讲解也是非常重要的。有些题目对于教师来说是特别简单的，看一眼便知道答案，但是对于学生来说可能要思考较长时间甚至会被卡住无法完成。为了避免这种情况的发生，教师在设计练习时就需要对习题进行分析，站在学生的角度看习题，想一想这个习题涉及什么知识点、是否跟以前的知识点有联系、这个题目的目的是考察学生的哪个知识点等，并充分估计学生在完成习题时可能出现的困难。只有真正地从学生的角度分析习题，才能最大限度地发挥习题的作用，帮助学生巩固知识、查漏补缺。

以《教师教学用书》人教版数学三年级上册的第二单元为例。在单元最后的整理与复习中，教材给出了一系列口算的题目以及整百整十加、减整百整十的题目。《教师教学用书》中明确指出了这是对本单元所学计算内容的一个基本检测，也就意味着学生应该是可以独立完成的。但是却建议学生在完成后也应该进行交流，以便进一步理清计算思路，又建议让学生对比几百几十加、减几百几十的计算与两位数加、减法计算的异同，让学生体会将新知转化为旧知的学习方法。这对教师在布置习题的时候也起到了提醒的作用，因为这些看似简单的题往往最容易被忽略，可能只会采取做完之后核对答案就可以的教学方式。

我们在最初对"整理与复习"进行备课的时候，只是打算让学生先独立完成习题，再全班一起核对答案。因为觉得这个是对学生"双基"的考察，应该不会出现学生难以完成的情况。但研读了《教师教学用书》的建议之后，突然醍醐灌顶，于是决定在实际课堂上除了让学生独立完成外，还组织同学对题目之间的联系进行分析，以沟通学生所学知识之间的联系。并且由教师公布答案改为由学生反馈答案，在反馈的同时说出算理，同时也把控课堂，让其他没有回答的学生认真聆听算理。实践证明，通过学生之间的有效交流，学生能较好地掌握算理。

《教师教学用书》是由众多教育专家的智慧与经验编撰的一本工具书，目的是为了帮助教师了解《义务教育教科书》各册的教学内容、教材编排、教学目标以及提出切实可行的教学建议，以便更好地进行教学。用好《教师教学用书》对教师而言，不仅在备课时作用巨大，在教学过程中也发挥了不容忽视的作用。所以，教师们应该研读《教师教学用书》，用好《教师教学用书》，好好把握教材，做到心里有数。但正如《教师教学用书》的说明里所提及的"限于时间和编者水平，难免有不妥之处。希望广大教师和教研人员提出批评和修改建议"，教师在研读《教师教学用书》的同时也应该带着自己的思想进行分析，选择最适合自己和学生的方法，不能一味地照本宣科，否则不仅不能传授正确的知识，还容易误导学生。所以，我们要做一名负责、合格的教师，就要学会带着批判性的精神去研读和分析《教师教学用书》，找出最适合自己学生的方法，因材施教。

促进信息技术与教学整合，实现
教学与学习方式的变革

电脑的出现、网络技术的运用、信息时代的到来给现代教育带来深刻的变化，以电脑为核心的新教育技术的运用更新了教学手段、教学方法，使得老师关于教育教学的传统观念受到冲击。那么，如何在先进教育理论的指导下，充分认识到教学的需要，整合信息技术的强大功能呢？

一、信息技术与教学整合是教学发展的必然趋势

1. 新课程改革的要求

关注学生的可持续发展，培养学生的创新精神和实践能力，是课程改革实验的重点。更新教育教学观念，改革课堂教学方法，转变教与学的方式，已成为大家的共识。在大力推进课改的大背景下，开展多种教学媒体与数学教学整合的实验研究，既是课程改革的重要组成部分，也是一项亟待研究的现实任务。《纲要》明确提出，大力推进信息技术在教学过程中的普遍应用，促进信息技术与学科课程的整合，逐步实现教学内容的呈现方式、学生的学习方式、老师的教学方式和师生互动方式的变革，充分发挥信息技术的优势，为学生的学习和发展提供丰富多彩的教育环境和有力的学习工具。教学媒体的综合运用就其提供的丰富信息而言，不仅体现在各种课程的形态中，也体现在整个教育教学过程中，不仅是一种课程的新形态，更是一种全新的教育教学方式和手段。

2. 促进学生发展的需要

教育的根本在于促进人的发展。优化多种教学媒体组合的教学活动，可以运用多感原理激发学生学习的兴趣，促进学生的学习理解，从而自主参与、主动探索，实现学生多方面能力的综合运用，促进全体学生全面、主动发展。为此，我们开展多种教学媒体与数学教学整合的实验研究，就是为了促进学生发展这一根本目标。

二、研究的指导思想

《数学课程标准（实验稿）》中提出，现代信息技术的发展对数学教育的价值、目标、内容以及学与教的方式产生了重大影响。数学课程的设计与实施应重视运用现代信息技术，特别要充分考虑计算器、计算机对数学学习内容和方式的影响，大力开发并向学生提供更为丰富的学习资源，把现代信息技术作为学生学习数学和解决问题强有力的工具，致力于改变学生的学习方式，使学生乐意并有更多的精力投入到现实的、探索性的数学活动中去。

信息技术与小学数学教学整合要以信息技术为先导，以系统论和教育教学技术理论为指导，根据小学数学教学规律，实现信息技术系统与教学系统各要素融合的信息化教学思想。促进教学内容呈现方式、学生学习方式、老师教学方式和师生互动方式的变革，为学生的多样化学习创造环境，使信息技术真正成为学生认知、探究和解决问题的工具，培养学生的信息素养及利用信息技术自主探究、解决问题的能力，提高学生学习的层次和效率。实现教学目标的综合化、教学过程的民主化、教学方法的多样化和教学技术的信息化，从而使素质教育的学科教学得到突破性进展。

三、整合的定位

基于以上的分析，课题的研究目标定位如下：

一是研究信息技术作为学习的对象，怎样与小学数学教学实现整合。

二是研究信息技术作为教学的手段，怎样在小学数学教学中进一步发挥其作用，实现与传统教学手段的优势互补。

三是研究信息技术作为学习的工具，怎样才能成为小学生学习、应用知识的工具，怎样创设基于网络的信息化学习环境和资源库，使转变学生的学习方式和老师的教学方式、培养老师和学生的信息素养落到实处。

四、整合研究的思考与实践

1. 以信息技术促进教学手段的变革

信息技术作为教学手段，目前的普遍做法是利用多媒体为教学重点和难点提供演示。这是必要的，因为一个图文并茂、生动形象的CAI课件远比单调的教学手段更具吸引力和感染力。但又是不够的，因为课件的演示、使用权控制在老师手中，学生仍然是被动的观众，是教学情境的旁观者。怎样进一步发挥多媒体的优势，特别是发挥现代技术与传统手段的整合优势？经过研究与实践，我们在两方面取得了一点突破。

（1）虚拟现实情境。信息化技术为我们突破教育环境的时空限制，在课堂里模拟现实世界情境，让学生在课堂上获得"身临其境"的感觉创造了条件。

例如在教学二年级下册"统计"一课时，首先演示教科书第109页情境的多媒体课件，再现道路上过往车辆的情境，让学生思考：怎样统计轿车、面包车、客车、货车各开过多少辆？

通过讨论使学生认识到，车子开过去很快消失，必须抓紧时间及时记录。交流中，有的学生提议，小组内4人分工，每人统计一种汽车；有的说用4种符号，分别表示4种汽车，出现一辆汽车，就记一个表示这种汽车的符号；有的学生认为，先画表1，写好汽车名称，统计时出现一辆就记一个。

表1　单位时间内不同车型车流量统计表

种类	轿车	面包车	客车	货车
辆数				

重播来往车辆的情境让学生用各自想到的方法进行尝试性统计实践，然后交流比较哪种方法便于及时记录、怎样记录便于统计。学生基本达成共识，画好表，用画"正"字的方法记录又快又便于统计。

再次播来往车辆的情境，让每个学生采用画"正"字的方法再次记录。

这一过程借助计算机多媒体，把外部世界引入课堂，使学生亲身经历了动态统计的数据收集过程，这是采用常规教学手段无法在课堂上获得的。虚拟现实情境背后的构想，是通过让眼睛获得在真实情境中才能接收到的信息，使学生沉浸其中，使学习活动具有实践特征，成为一种虚拟实践，成为建构动态统计意义的感性经验基础。

（2）模拟数学实验。数学实验对于数学教学是一个新课题。应用信息技术进行模拟实验，能够在课堂上很方便地拓展学生的感知范围，增强学习的效果。

例如学习"可能性"，安排学生动手做抛硬币的实验。通过实验，学生一般能切实感受到哪一面朝上是不确定的。但即使把全班学生的实验结果累加起来，也常常难以反映正反面出现概率的规律性。用常规的教学手段，老师只能给出表2，并加以陈述。

表2 抛硬币实验统计表

试验者	所抛次数	正面朝上的次数	正面朝上的频率
王强	2048	1061	0.518
李明	4040	2048	0.5069
陈海	24000	12012	0.5005

采用CAI技术，通过自制课件的演示，让计算机模拟1000次、2000次……10000次的抛硬币实验，使学生信服抛硬币事件正反面出现的可能性各占一半，而且印象深刻。学生初步领略到计算机模拟实验的魅力，短短几分钟就能完成成千上万次单调、枯燥的抛硬币动作，显示出不确定事件发生的内在规律性。

这里根据媒体服务于教学、内容决定形式的原则，采用动手实验与计算机模拟实验相结合的方法，优化了教学过程，提高了教学效益，同时也克服了手工实验的局限性，有助于学生认识随机现象的数学本质。

2. 以信息技术促进学生学习方式的变革

转变学生的学习方式，倡导以"主动参与、乐于探究、交流与合作"为主要特征的学习方式，正是本次课程改革的重点之一。而信息技术与学生学习方式之间并不存在必然的关系，信息技术可以是"知识的灌输者"，学生的学习方式主要是接受式；信息技术也可以是"学习的辅导者"，学生的学习方式主要是研究式。因此，信息技术与学生学习方式变革的主要决定因素是教育思想和理念。那么，在先进的教育思想和理念的指导下，如何通过信息技术来促进学生学习方式的变革呢？

（1）掌握基本技能，奠定学生学习方式转变的基础。数学教学活动是借助一定的手段、工具展开的，数学教学活动的过程、组织方式及学习质量都和使用工具密切相关。每一项新的教学技术的应用，每一项新的教学工具的使用，都会给教学活动提供新的发展空间，使教学活动得到丰富和提升。因此，让学生掌握电脑软件的基本操作技能，是学生学习方式变革的物质基础，也是现代社会学生继续学习的需要。

（2）引导学生网上学习，构建自主式学习的环境。教科书作为学生学习数学的重要资源，承担着向学生传递数学知识的重要职能，但它并非唯一的数学课程资源。要着眼于学生的发展，满足学生日益增长的多元化学习需求。作为新课程理念下的老师，要积极地开发课程资源，引领学生走进丰富多彩的数学世界。让他们到网上去学习，让他们在这个广阔的天地里学会捕捉信息、提取信息、收集资料、开阔视野，从而促进发展。

（3）应用信息技术，扩展探索式学习的空间。现代教育改革的核心是使学生变被动型的学习为主动型的学习，让他们在真实的环境中学习和接受挑战性的学习任务。虽然我们强调对信息的加工、处理以及协作能力的培养，但最重要的还是要培养学生的探索能力、发现问题和解决问题的能力、创造性思维的能力，这才是教育的最终目标。在实现这个目标的教学中，信息技术扮演着研发工具的角色。

数学课堂中信息技术的使用不仅为学生提供了丰富的学习资源，更重要的是冲击着学生已习惯的接受式学习方式。学生正在尝试着将现代信息技术作为学习数学、解决问题的有力工具。以往"老师讲、学生听；老师演示，学生观察"的听数学的学习方式正在改变为学生"动手实践，自主探索，合作交流"的做数学的学习方式。

（4）借助网络特性，提供协作式学习的平台。协作学习有利于促进学生认知能力的发展，有助于学生协作意识、技巧、能力、责任心等素质的培养。信息技术为协作式学习提供了良好的技术基础和支持环境，学生可以采用竞争、协同、伙伴和角色扮演的模式进行交流。例如，学生可以通过网络通信技术与同伴、专家及其他读者合作，发布作品并进行交流。利用网络技术的BBS和电子邮件开展"合作学习"，并把自己的观念和信息有效地传播给其他人。

3. 以信息技术促进老师信息素养的提高

提高老师的信息素养，提高老师计算机的操作能力是信息技术与数学学科整合的关键。

提高了老师的信息素养，才能使老师在网络时代能够充分利用现代教育技术手段来有效地组织和设计教学，传播教学内容，同时充分认识各种现代教学手段的缺陷和不足，从而扬长避短、灵活多样地在教学中使用它们，使现代科学技术有效地为教育服务。网络信息资源极其丰富，但良莠不齐，如何让学生高效地获取有用信息，同时又避免不良信息的影响，要求老师充当学生使用网络的领航员和指导者，必须具有极强的信息辨识能力和信息获取能力，也就是要求老师有良好的信息素养。

老师应努力将教育信息化的思想和理念渗透到教学过程中，促进学科之间的整合，积极引导学生开展研究性学习、资源型学习、协作学习、网络探究学习、基于项目的学习、基于问题的学习、虚拟学习等，努力探索知、情、技融合的信息素养教育体系，努力提高老师使用计算机的操作能力。

（1）提高老师对现代信息技术的认识。随着教育信息化的推进，老师的角色也逐渐由传统的"知识传授者"转变成"设计者、指导者、组织者、帮助者、学习资源管理者及研究者"。这种新型老师的职能变化，对老师的素质提出了更高的要求——必须会应用计算机。

（2）提高计算机的操作能力。学习计算机是掌握一种应用、操作技能，仅看书或看教学光盘是不够的。一些看似简单的操作，别人点几下鼠标就实现了，自己却往往是千呼万唤始不出。因此，我们强调要勤动手、多交流，在实践中切实提高计算机的操作能力。提升老师群体的全面素质和创新能力，光纸上谈兵不行，不动手实践是学不会的。一动手做，很快就能入门，很快就可化难为易。例如，在excel中输入1—6年级的名称及每个年级的人数，选中后，只要按一下F11键，马上就显示出一个条形统计图，还可以让它变成折线统计图或扇形统计图。所以，学电脑不必冥思苦想，宜不懂就问。

（3）有的放矢，注重应用，学以致用。学习计算机要采用任务驱动的办法，就是带着任务去学习，用什么学什么。学就是为了用，用就会有成就感，越用就越有兴趣，并有助于养成理论联系实际的优良学风。计算机考试的四个模块在工作中是远远不够用的，要能够制作一些简单的动画，还要学会使用常用的工具性软件。例如，"几何画板""flash"等在数学中应用得非常广泛，应该掌握。

（4）创造条件常上网、多上网，掌握一定的计算机网络操作技能。计算机的大信息量和资源共享是它特有的功能。在网络中获取大量的信息，对所获得的信息进行筛选、处理，然后应用在教学中，在网络中和别人交流、探讨，共同提高。在网络中可以找到大量的优秀课件，把这些课件应用在自己的教学中，可以获得事半功倍的效果。

（5）建立自己的教学素材库。老师应该具有非常强的教学素材整合能力，根据自己的需要，大量搜集、整理符合自己教学特点和规律的教学素材，然后把它们添加到自己的资料系统中，并进行整合，组成富有个性化特点的教学素材库。老师在教学素材库的基础上，按照自己的独特创意生成备课教案和讲授教案，充分体现老师的积极性和创造性。然后，通过课堂讲授，充分满足老师个性化教学的要求。

五、整合研究过程中出现的问题与对策

1. 为了追求"时尚"进行"包装"

在教学中，笔者发现许多老师在利用电脑进行辅助教学时，为了用电脑而用电脑，有时所谓的多媒体课的效果反而不如普通的传统课堂教学效果好。以"教"为主的教学设计多，而以"学"为主的教学设计少。计算机辅助教学作为一种现代化教学手段用来支持教学工作，帮助老师突破重点、难点，主要用来解决一些传统教学中不易解决的实际问题。既然传统教学存在一定的局限性，那我们就应首先从这方面入手，利用电脑辅助教学解决这些局限，这样现代教育技术的优势才能体现出来。比如有关相遇、追及问题的演示，传统教学因为缺乏直观性，很难演示，而使用电脑展示老师精心制作的带动画的课件，问题就迎刃而解了。所以，电脑在教育教学中的作用与地位和教科书、投影、挂图等一样，具有提高教学效果、扩大教学范围和延伸教学功能的作用。

2. 用课件代替学生的思维与操作

目前我们能看到的课件无非是侧重于教会学生知识，把教材内容中抽象的化为直观的、理性的化为感性的，主要呈现那些原本需要老师讲解、学生思考的东西，甚至要求学生动手操作的实验也可用电脑来代替。不少课件充当的只是电子图书的角色，这跟素质教育思想是大相径庭的。电脑的特点是能够使静态变动态、抽象变形象，但是过多地使用电脑，把一切抽象问题都形象化，又不利于学生抽象思维能力的培养。一切都形象化了，学生抽象概括的能力就可能下降，而数学又是一门特别需要抽象思维能力的学科，抽象能力的削弱不利于数学的再学习。课件应当符合启发性原则，在努力调动学生学习兴趣的前提下，充分培养学生的数学能力，发展学生的智力，促使学生积极参与、动脑动手，培养学生的创新精神，而不能越俎代庖。电脑辅助教学强调的是电脑在教学中的辅助地位，处于主导地位的仍然是老师。因此，充分发挥老师在整个教学中的能动作用，才是电脑辅助教学的核心思想。

3. 片面地追求"花哨的技术含量"

那些花哨的课件表面上看能激发学生的兴趣，实际上表明了制作者不懂心理学规律，因为它们只会分散学生的注意，使教学效果大打折扣。许多老师希望多媒体课件"好玩"一点、"漂亮"一点、"档次"高一点，特别是用于公开教学或评优活动，教学过程中学生答对了，出现掌声或"你真棒"的赞扬声，答错了来个"再想想"或一个怪声，这就把电脑辅助教学用偏了。如果过多地追求这些"花哨"，就会适得其反，不仅不能增强教学效果，反而会干扰学生的思维，干扰课堂教学，削弱课堂教学效果。用电脑辅助教学应把解决数学教学中的问题放在第一位，追求内在本质，而不是所谓的外在"美"。用于教学目的的课件应注意以下几点：课件内容精确，有教育价值、使用价值；目标明确，内容清晰，逻辑合理；对学生来说难度适当；多媒体运用适当；课件能有效地激励学生的创造力；对学生的问答反馈有效；教学符合学生已有的经验；学习在一定的范围内有普遍性；补充材料有效且便于理解；便于师生操作；课件能充分发挥电脑效能；课件使用可靠。

家长微信群的传播特征及其影响

——以广州Q小学三年（4）班为个案

一、研究问题的起源

"老师通过微信告知了我儿子的作业，目的是让我关注孩子的作业完成情况。我曾担心儿子的作业做得不好在班里受批评而自信心不足，每天对儿子的作业都认真地进行了辅导。儿子每次交的作业都是全对的，老师常常对他进行表扬。但是，这引起了我的反思：老师布置作业的一个目的是检验自己的教学是否有效。然而，从我儿子的作业里老师看不到问题，不管是学生的问题、老师的问题还是其他问题。这会给老师的课堂带来教学危机。"

——北京师范大学伍新春。

微信创造了一种崭新的生活方式，以一种新的沟通方式在现代人中间掀起一股新的时尚。微信已经进入了千家万户、各行各业，学校也不例外。不可否认，微信的出现在很大程度上影响了个体与个体之间、个体与集体之间的沟通方式和管理方式，但同时也产生了危机。在微信的使用过程中，注重其带来的优势者较多，关注其带来的危机者较少。

本研究正是居于班级管理（教学）危机的视角，对班级微信群的使用进行个案剖析。研究的问题是：家长微信群对班级管理有什么影响？本研究试图通过与一个教学班的家长在微信群中的互动、观察来回答这个问题。

二、文献综述

微信（信息技术的一种现行的即时通信工具）的使用给人们的工作和生活

带来新的力量，同时也带来新的危机和挑战。不同的研究者对此已进行了相关的研究，并形成了各自的基本看法。通过CNKI期刊检索，以"微信"为主题的学术论文，2011年有213篇，2012年增长到1348篇，2013年猛增到13664篇，2014年截止至12月3日增到44441篇，数量惊人。

微信模仿于国外，产生于国内，是目前全球下载量和用户量最多的即时通信软件，已经覆盖全球200多个国家和地区，影响力遍及中国、东南亚、海外华人聚集地，但目前我国的微信使用中产生危机的研究主要局限于国内（目前还没找到相关的文献）。随着微信进一步向全球化发展，微信的危机研究必须具有全球视野。不但研究国内的情况，而且研究国外的情况，并且进行比对互照，这样才能更深入地认识家长班级微信群给学校带来的危机，对于理解中西学校文化传统、学校制度、社会结构、受众心理的差异性，从而分析学校管理的危机具有十分重要的意义。

综上所述，前者的研究主要停留在微信的优势方面，其危机的研究方面也主要是在校园安全、个人信息泄露、违法犯罪方面。然而，就学校的班级管理而言，家长微信群的使用给教育的本质功能所带来危机的研究还是一个空白。

微信的使用是一种不可逆转的潮流，通过对班级微信群的观察与分析，研究者可以进而分析其带来的危机是什么。当然，这种研究作为个案也存在片面性。通过对个案的剖析，为学校班级管理的研究者提供一个研究的视角。

三、研究方法

1. 观察法

参与式观察：班级家长微信群、家长会。

2. 访谈法

老师3位、学生3位、家长3位。

3. 实物收集法

家庭作业、前期的微信群内容（文本方式呈现）、微信群聊内容（研究者加入微信群后获得）。

4. 研究者身份

向家长、学生、老师公开。

四、资料分析

1. 基本情况

Q小学是越秀区的一所百年老校，1904年建校，现有学生1275人，教职工66人，专职老师66人。

2. 具体班级情况

三年级（4）班，任教老师6人，学生42人，参加微信群的家长（父母有同时加入的）51人。

3. 对微信群的观察记录时间

三个星期（2014年11月28日—2014年12月20日）。

4. 家长的情况

男8人、女42人，参与群微信讨论次数最多的是42人次，最少的0人次，三个星期中不发表任何意见的3人次。

5. 老师情况

参与讨论次数最多的是班主任，61次；最少的是体育老师，2次。

6. 微信记录归类与次数统计

（1）由于学生登记漏作业或担心登记错作业而发问的总次数为102人次。

（2）关于学生落东西在学校或拿错别人东西的总次数为82人次。

（3）家长讨论作业答案的34人次。

（4）家长互相对比孩子的38人次。

（5）讨论学生平时丢三落四坏习惯的79人次。

（6）家长把发给其他人的信息发到班级群的12人次。

（7）其他68人次。

7. 家长问卷调查

本次研究发放调查问卷42份，收回42份问卷。

（1）你认为微信群可以为孩子的学习带来方便吗？98%回答是。

（2）家长微信群最大的作用是：_____。回答协助孩子做作业的68%，回答方便帮助孩子理解老师要求的30%。

从统计的数据来看，家长关心最多的是孩子的作业问题，其次是孩子拿错东西、丢东西问题，再次是讨论作业和比较班内孩子的情况。

从家长对作业的讨论频率和内容来看，一方面促进了学校与家长的沟通；另一方面家长代替了学生的劳动，从而导致了老师对学生课堂学习的情况没有真正把握，也导致了学生养成依赖的习惯。

家长（特别是母亲）积极参与学生的作业，到最后都分不清作业是孩子完成的还是家长完成的。也就是说，就作业而言，家长与孩子的主体位置不明确。

孩子丢三落四的现象严重，这是家长经常代替孩子完成作业和其他班级任务而造成的。家长的代替性工作与学校的教育产生相互抵消的现象。

家长喜欢拿自己的孩子与别人家的孩子比较，在比较中孩子产生自卑心理。

家长发错信息的概率也不少，导致私人信息在群里泄露，引起安全方面的思考。

五、结果与讨论

家长微信群在使用中带来的影响（优势与危机）。

1. 优势

（1）班主任可以将学生平时在学校的表现情况或者参加运动会、各种联欢会、各种比赛的表现情况制作成声音、图片、视频，然后将这些内容通过群传递给家长。家长通过了解以上内容，可以更全面、细致地了解孩子的学习和生活。

（2）班主任可以通过微信群向家长推荐一些指导和帮助家长教育孩子的书籍或视频，或者是家长之间通过群内聊天交流培养孩子的经验和方法，这样就能使家长的家庭教育更加科学合理。

（3）班主任与家长或者是家长与家长之间的有效沟通，能够及时发现学生存在的问题，更好地帮助学生加以改正，避免学生走错路。

2. 危机

（1）由于家长的合作把作业出色地完成，导致老师没有真正把握学生在课堂学习的情况，隐藏着教学的危机。

（2）信息的泄漏，产生个人和集体安全的危机。

（3）家长直接了解学校的要求，帮助孩子完成学校布置的任务，特别是母亲对孩子的成长要求过急，代替性地完成孩子的任务，使孩子养成依赖的不良习惯。

（4）微信无意间把家长孩子捆绑在一起，影响孩子独立完成作业的习惯，对责任感的培养不利。

（5）家长间对比孩子的成长情况，导致学生出现自卑心理。

六、反思

1. 优点

（1）参与式观察，研究真实的个案，取得的是真实的资料。

（2）从危机的视角揭示微信在班级管理使用中存在的问题，具有创新性。

2. 不足

（1）研究的时间短，资料不够完整。

（2）国外的参考资料没有找到。

（3）此为个案研究，结论具有片面性，需要更进一步拓展研究。

关注学生的可持续发展，培养学生的创新精神和实践能力，是课程改革实验的重点。更新教育教学观念，改革课堂教学方法，转变教与学的方式，建立发展性课程评价体系已成为大家的共识。在大力推进课改的大背景下，着眼于学生的发展，着眼于学生知识与技能、过程与方法、情感态度价值观三位一体的发展，也是一项亟待研究的现实任务。本文通过确立以生为本的评价思想，采用激励性的评价方式，从发挥发展性课堂评价的作用等方面论述了如何运用发展性评价，关注学生的成长过程，提高教学能力，提高课堂教学质量，让课堂教学焕发出生命的活力。

第七章

魅力教师之评价篇

运用发展性评价，让教学焕发生命活力

新课程评价是课程改革成败的关键环节，新一轮基础教育课程改革明确提出，要建立促进学生、老师和课程不断发展的评价体系，即建立发展性课程评价体系。在实施新课程教学改革的过程中，对学生的学习评价是摆在我们面前亟待研究和解决的一个现实问题。现代教育论认为："教育的真正意义在于发现人的价值，发挥人的潜力，发展人的个性。"新课程着眼于学生的发展，着眼于学生知识与技能、过程与方法、情感态度价值观三位一体的发展，而传统的评价方式重知识，轻能力；重结果，轻过程；重老师的教，忽视学生思维水平的发展，忽视改进与激励的功能，忽视了评价主体多源、多向潜能发掘的价值。

一、确立以生为本的评价思想

多元智力论认为，智力不是一种，而是一组。在智力中，各人的优势与特点不同。人没有智力高下与好坏之分，只有智力的特点不同，每个人具有不同的智力特点与智力倾向。

我们在评价学生时，要以学生综合素质的全面发展提高为出发点和归宿点，既要重视学生的学习成绩，也要重视学生的思想品德，以及多方面潜能的发展，注重学生创新能力和实践能力的提高。在评价学生时，不搞一刀切，不排队，不排名次，不分优劣等级。以学生为本，只要学生在某一个方面或者多方面有提高，这名学生就取得了成功。尊重学生的个性差异，允许学生在某个学段落后，经过努力后赶上；允许学生某个方面有所突破，某些方面平平淡淡；允许个别"超常"学生脱颖而出，跳级学习。对学生的评价不仅要注重结果，更要注重发展和变化过程。注意差异性评价，不同学生的标准可以不同，重在激发兴趣，使学生建立自信，勤于进取。

有这样两句话："过程比结果更能体现一个人的本质。""有德无才是可以培养的，有才无德是废品，无德无才是毒品。"如果我们只用知识考试这一把尺子为学生量体裁衣，那么真正可贵的东西可能都失去了，这对学生公平吗？如果我们选拔出来的所谓"人才"是用无血、无肉、无灵魂的试卷来筛选的，忽略了过程中珍贵的"德"，这样的"人才"又能为社会、为国家做出哪些贡献？所以，我们应用多元化的评价机制，在学习过程中重新审视学生的知识与能力、过程与方法、情感态度与价值观。

二、采用激励性的评价方式

每个人都有成就的需要，学生也不例外。清代教育家颜昊说："教子十过，不如奖子一长。"花费很多时间和精力去苛求学生，不如用心去发现其优点，并以此激励他，让学生体验成功的滋味。"十个手指有长短"，一个班学生的智力、品德、个性等方面往往存在很大差异，个人的学习活动水平层次也就不同。我们在进行课堂教育时，必须根据学生的"学习现实"和认知水平来教学和评价，对学生应当给予不同的鼓励：一要赞誉、鞭策学优生；二要肯定、激励中等生；三要宽容、激励学困生。宽容是一种信任和激励，信任、激励会化作一种力量，激励人自省、自律、自强。在教学中，老师应把自己放在学生的位置上，尽量揣摩学生的认识过程，顾及学生的学习兴趣、知识基础，评价时要体谅学生的学习困难，肯定他付出的努力和取得的进步。为学生营造一个民主、平等的学习氛围，切忌轻率地给学习落后的学生下结论。另外，在评价时，老师尤其应该赞赏学生学习时所付出的努力，学生在遇挫时便会觉得是因为自己未尽全力，下次一定要更努力，这样有利于培养学生的进取心和不断自我完善的心理品质。

三、发挥发展性课堂评价的作用

用发展的眼光来看待学生，始终坚持将激励性评价贯穿于课堂教学，是我校研究的专题，并通过近两年的研究取得了较好的效果。

推行素质教育，主渠道在于课堂教学改革。怎样激活课堂，优化教学过程，发挥学生的主体作用，提高课堂教学效益？这涉及很多方面的内容，但课堂评价，即在具体的教学过程中老师对学生的学习状况表现出来的高超的评价艺术，是其中必不可少且非常重要的一个方面。这里的学习状况包括学生在学习中表现出来的学习态度、学习信心、学习效果等。

如果课堂评价运用得好，对营造学习氛围、激发学习兴趣、调动积极思维、增强克服困难的决心有着不可低估的作用。相反地，如果课堂评价不当，有可能使学生的积极性和主动性受到挫伤，会闭塞学生的创造性思维，削弱学生的自信心和进取心，其副作用也不容忽视。

以一位语文老师的教学片段为例，谈一谈如何进行课堂评价。第五册《掌声》一文以细腻生动的文笔讲述了一个身患残疾而忧郁自卑的小女孩在同学们的掌声中上台演讲，在同学们掌声的激励下鼓起生活的勇气，变得乐观开朗的故事。这个故事真实、感人，同学们很感兴趣。

师：课文题目叫《掌声》，读了题目，你想知道什么？

生1：谁得到谁的掌声？

生2：为什么她能得到掌声？

生3：掌声给她带来了什么影响？

师："学贵有疑"，你们的问题提得很好，很有质量，这是善于思考的结果。下面请同学们带着刚才的问题默读课文，一边读一边画出答案。然后分学习小组讨论交流。（老师巡堂参与讨论）

学生汇报：

生1：同学们为英子鼓掌。

师：恭喜你，找到第一个问题的答案。你能把课文中有关的句子读出来吗？

生1读相关的句子。

生2：因为英子鼓起勇气，站在讲台上讲故事。

师：也恭喜你，找到第二个问题的答案之一，还有另外一个原因，请你再仔细找找。

生3：也因为英子讲的故事很动听，于是全班同学都鼓起热烈的掌声。

师：把你和刚才那位同学的发言综合起来，就是英子得到掌声的原因了。你能把课文中有关的句子读出来吗？

生3读相关的句子。

生4：英子得到同学们的掌声后，鼓起了勇气，微笑着面对生活。

师：第一次读书就能有此收获，你真了不起！你能把课文中有关的句子找出来读一读吗？

老师根据学生的回答板书：

① 英子得到同学们的掌声。

② 英子克服行动不方便的困难，走上讲台为大家讲了一个精彩的故事。

③ 掌声给英子极大的鼓励，使她鼓起勇气微笑着面对生活。

师：谁能根据黑板上的提示，把这个故事讲一讲？讲的时候注意用上过渡的语句。

生：有一次，英子克服行动不方便的困难，走上讲台为大家讲了一个精彩的故事，得到了同学们的掌声。掌声给了英子极大的鼓励，使她鼓起勇气微笑着面对生活。

师：你在这几句话中加上了时间，成了一个完整的故事，真会开动脑筋，你也应该得到掌声。谁再来用自己的话说说这个故事？

生：……

在教学中应允许学生畅所欲言，甚至是不可理解的与众不同的思路，给学生一个充分表达的锻炼机会。若错了，再循序渐进地引导学生接受正确的观点，这正是老师发挥主导作用"化腐朽为神奇"的最佳契机。

以上实践例子表明，恰当地运用教学中的课堂评价是一种能力，也是一门艺术。

1. 热切的激励性

一般来说，评价以激励为主，这种激励主要表现在两个方面。一种是对优秀的反馈信息的激励。如某个学生题做得正确甚至有独创性，回答问题正确流利、干脆等，老师就可说："某某学生答得精彩，有见地。"一种是对学困生的激励。学困生有一个很突出的心理障碍是缺乏自信，而在这时，老师的激励性评价就显得尤为重要。老师要善于从学生的反馈信息中敏锐地捕捉到其中的闪光点，并及时给予肯定和表扬，把爱的阳光洒向那些易被遗忘的角落，使他们在引导激励下看到自己的能力和进步，从而增强学习信心，并逐渐由学困生转向学优生。如平时不爱发言的学生发言了，反馈中哪怕只是那么一丁点儿合理的内容，也就应给予充分肯定。这好比一棵断树，只要还有一根树脉未断，它就还有生存并长成参天大树的可能，关键是能否用百倍的爱心去关心呵护它。

2. 诚挚的情感性

在评价过程中，要注意融入情感教育，做到心诚意切，对学生高度负责。评价恰当不但使学生获得精神上的支持，也可获得感情上的满足，所以要求老师了解学生、观察学生、分析学生，实事求是地肯定他的优点。老师要善于"从鸡蛋里挑出骨头来"，让学生品尝到成功的喜悦，就会唤起他们学习的激情，从而产生莫大的兴趣和动力，老师决不可主观片面地随意否定学生，因为气可鼓而不可泄。当然，也不能把溢美之词当作廉价施舍，那样效果也将适得其反。

3. 精当的指导性

在课堂教学中，对于学生反馈的信息，老师要善于扮演"公正法官"的角色，及时给予精辟恰当的"判决"，从而使学生对自己的学习效果和能力有一个科学的正确估计，并进而明确不足，找出努力的方向。

老师的课堂评价一定要防止过于笼统模糊的倾向。有位老师让学生朗读课文，之后只是说了一句："读得不错，请再读下一段。"如能换成"读得响亮流利，很好，如能在速度上放慢一些，注意停顿，掌握好语气就更好了"这种评价，一分为二，具有辩证性，针对性强，有的放矢，不仅使学生准确了解自己的学习状况，知道努力的目标，也感到一种受到关怀后的温暖。

4. 强烈的启迪性

一名高素质的老师，他的教学评价应具有强烈的启迪性，善于通过巧妙的教学评价启动学生的思维，开发他们的智力，吸引他们注意力，挖掘他们的心理潜力。如一位学生作文中用水晶来比喻小公主的眼睛，老师给予很高评价："比喻恰切精当。"问学生"为什么"。学生回答："透明嘛，用这个比喻写出了孩子心灵的纯洁无瑕。"这固然不错，但不够全面，这位老师没有急于做出评价，而是又顺势问了一句："那为什么不用玻璃呢，它不也透明吗？"引导学生进一步思考，从而悟出用这个比喻形象地写出了童真的纯洁和可贵。

在课堂教学中，要想真正把"以老师为主导、以学生为主体"作为课堂教学的基本指导思想，激励学生积极思维，营造一种热烈而又轻松和谐的学习氛围，就必须加强教学评价艺术的修养，使自己不仅是知识的传播者，而且是模范，真正成为学生心目中"科学的法官""思索的哲人"和"爱的化身"。

学校教育的最终目的是培养能够独立思考的创造者，而课堂教学又是学校教育中最关键的一个因素。可以说，课堂教学的优劣将直接关系到学校教育的成败，激励性评价始终把学生放在"人"的位置上，尊重学生的个性，充分发挥学生自我评价和为他人评价的主体作用。老师要不断改变教学观念，运用发展性评价，关注学生成长，让课堂教学焕发出生命的活力。

以评价促发展——数学课堂即时评价的功能

　　新课程赋予老师教学工作新的内涵和要求，需要老师改变自己的教育观念和习以为常的教学方式和教学行为。然而，在实际的教学中，老师虽然学习了新课程的理念，有了关注学生的愿望，但在具体的教学细节上，仍然受到传统教学"惯性"的影响，难以摆脱"单方面教"的痕迹，学生的需要还没有被真正地注意和重视，老师关注的焦点还是在自身上，还是在知识的传授上。而数学课堂即时评价要求老师注重学生的过程性知识形成与掌握的评价，这样的评价也有助于老师对学生有一个较全面的了解，而不是把评价简单地处理成一个分数。

一、教学片段：简单的统计

　　在一年级数学的一节"统计"课上，在练习巩固之后，老师提问："上了这节课，你从中学到了什么本领？"

　　一时间，学生的回答可谓各种各样。有回答贴动物、贴水果、贴纸工的，有回答学会了贴的本领的，还有回答给大象过生日的。

　　听了这些回答，老师没有马上给予任何评价，其用意是通过提问总结本节课的知识点，可是学生却没有明白，他们只是凭直观感受回答，没有回答到老师的点上。于是，老师有意提问："那么，你学会了什么知识啊？"

　　生1：学会了贴的知识。

　　生2：学会了排队的知识。

　　无奈之下，老师只好放弃了让学生总结的本意，自己说："今天我们学习了排一排、分一分、数一数的方法，这些就是统计的知识。"然后再请学生说一说今天学会了什么。

二、案例分析

在平时的课堂教学中，我们经常看到这样的现象，当学生的回答不符合老师的预想时，老师一般是毫无表情，甚至面露不悦，要么让其他学生发言，要么直接否定，自己说出答案。当学生的回答符合老师教案的设想时，老师往往按捺不住激动的心情，迫不及待地用"很好""你真聪明"之类的语言表示肯定，然后再问学生："你还有什么不同的想法吗？"如果我是学生，我会这样想："你都说好了，还要我们想什么呢？"在自主学习的课堂中，要发挥学生的主体性、主动性，就必须改变老师这种"裁判"式的反馈评价机制，改变这种顺着老师意图回答问题的习惯，将学生的自评、互评与老师的评价相结合，建立师生互动的评价体系，评价的重点应放在学习的过程上而非结果上，更多关注学生的学习态度、参与程度、交往状态和创新热情，而不是仅仅关注知识技能的熟练程度，要保护和调动学生创新的积极性、主动性。

三、从案例中得到的感悟

评价是数学教育过程中一个不可或缺的重要手段，在教学过程中必须创造适合学生的数学学习评价环境才能避免出现上述教学案例中出现的不当评价。

1. 注重课堂即时评价，凸显评价的激励功能

以往的教学评价无论是在课堂里还是在作业中，或是在考试后，老师更多的是以一个评判者的身份对学生的学习情况予以是非、对错、好坏的评价，过于突出了评价的甄别功能。《新课标》明确指出，激励学生是评价的重要目的之一。因此，老师要充分发挥课堂教学中即时评价的功能，把握评价的契机，审时度势地给予学生恰当的评价。课堂是师生交往的主要场所，学生学习过程主要表现在课堂上。教学中的即时评价要关注学生学习中的各个方面，既要关注学生数学学习的参与程度，也要重视考察学生数学思维过程。对他们在学习中表现出来的思维能力、情感态度、合作精神等，老师都要恰当地进行评价，以此激发学生学习的积极性，建立学习的信心。

2. 设计相宜的问题情境，优化即时评价的检测功能

《新课标》中指出，评价是全面考查学生学习状况，促进老师进行教学反思的重要手段。以往，考试是评价学生学习状况最常用的方法。由于对考试目的认识的偏差和对其功能的扭曲，造成评价内容偏重知识，过于繁难，脱离现实生活和学生学习的实际，甚至出现学什么和考什么、怎么学和怎么考之间严重背离，评价的检测功能弱化，片面突出了甄别功能。要改变这种状况，老师必须加强课堂即时评价，针对学生学习的实际，精心设计相宜的问题情境，对学生的基础知识、基本技能进行考察。

例如，在学生学习了千米的知识后，为了考学生对"千米"这一数学概念的掌握情况，老师常常设计填空，如：汽车每小时行＿＿千米，火车每小时行＿＿千米，飞机每小时行＿＿千米。笔者认为，这样的问题很难检测出学生对千米这一数学概念的掌握情况，而且也很容易导致数学学习中的无意义学习。为改变这种状况，我们从学生和教学要求的实际出发，设计了如下问题："请你描述一下生活中哪一段的路长约是1千米。"这个问题情境能较为有效地即时检测出学生对"千米"的掌握情况，而且又防止机械学习，导向了数学教学应重视学习过程，注重学生参与。

3. 创新评价方式方法，发挥即时评价的导引功能

《新课标》指出，评价的手段与形式应多样化，应重视过程评价、定性评价与定量评价相结合，充分关注学生的个性差异。为此，我们应该不断创新评价的方式方法。评价学生时可以采取自评与互评相结合、老师和家长评价相结合。评价时既可采取书面考试、口试、活动报告等方式，也可用课堂观察、课后访谈、作业分析、建立学生成长记录袋等方式。呈现对学生的评价结果时，低年级以定性描述为主，高年级学生以定量为主，如"你真会动脑筋""你能提出与众不同的问题，真棒""某组同学在学习中能相互合作、积极参与"等，辅助采用各种奖励的方法。对于学生作业考试的评价可以采用"推迟判断"的方法，让每个学生都看到自己在学习上的进步，体验学习成功的快乐。

数学课堂即时评价体系对学生学习数学的评价不再是老师高高在上地评判学生，也不再仅仅为了鉴定和选拔，而是着眼于学生学习数学的过程与方法，关注学生的进步与发展，也体现了"评价旨在促进人的发展"的理念。

在课堂教学中通过创设愉悦、和谐的教学环境，促进学生主动、全面、有个性地发展。教学中以启发式和师生、生生间的合作互动为主，善于鼓励学生发现问题，让学生大胆地、创造性地尝试解决问题，让他们体验到创新和成功的乐趣，感受到老师对他们的信任与赞赏，从而充分发挥学生的个性与潜能。通过数学的学习，使学生养成客观公正的品格，形成严谨灵活的思维习惯，培养自信和探索精神。注重师生关系的和谐。在课堂上，老师是学生学习道路上明智的指路人，为学生的学习创造宽松的环境，营造和谐的气氛，使学生在愉快的情绪下开动脑筋、活跃思维、展开想象。老师帮助学生主动探索、学会思考，形成有特点的教学风格，让教学达到理想的效果。

魅力教师之育人篇

第八章

在愉悦和谐的教学氛围中培养创新意识

《新课程标准》倡导数学教育要从以获取知识为首要目标转变为首先关注人的发展，创造一个有利于学生生动活泼、主动发展的教育环境，提供给学生充分发展的时间和空间。《新课程标准》还特别指出，要使学生在探索精神、创新意识和实践能力方面获得发展，为学生终身可持续发展打下良好的基础。

创新意识是一种发现问题积极探究的心理趋向。要让学生产生浓厚的兴趣，进而形成强烈的探究创新的欲望，关键要营造愉悦、民主、和谐的氛围。而营造自然宽松的学习氛围，使学生树立学习信心，主动体验成功，正是愉快教育的研究理念。《新课程标准》为愉快教育提出了更高的要求：要在愉悦和谐的教学氛围中培养学生的创新意识。

老师不仅要有高尚的师德，还要有深厚的功底和精湛的教艺，创设愉悦和谐的教学环境，促进学生主动创新、全面发展。老师应该通过创造性的教学劳动，以崭新、科学的教学指导思想，以数学教学本身的艺术魅力去感染和激励学生，以老师人格的力量和高尚、真挚的情感吸引每一名学生，促进"愉悦和谐"课堂气氛的形成，创设"主动创新"探求知识的条件，实现"终身可持续发展"的目的。

一、营造"愉悦和谐"的教学氛围

在日常生活中，学生的种种创造性表现往往与错误、缺陷、顽皮、任性等相联系，使得一些老师常常产生错觉，不自觉地压抑甚至扼杀学生创新意识的萌芽。在教学中，老师应努力营造和谐、愉悦、民主、平等的教学氛围，这是培养学生创造意识的必要条件。学生年龄小、脸皮薄、自尊心强、思维较稚嫩，潜意识里有创新意识，但只是创新意识的幼芽，难免与错误一起出现，这就需要老师正确看待，细心呵护创新的幼芽，以慈爱宽容之心启发学生拓展思路，发挥创新潜能。

怎样才能使学生乐学呢？主要措施是努力使课堂教学变得有滋有味，启发和吸引学生善于学、乐于学，成为学习的主人。只有深刻认识到学生在学习过程中的主体地位，才能把学习的主动权真正地还给学生，允许学生发表不同意见，选择学习内容。例如在教学"万以内数的写法"时，笔者让学生选择下面一个数写下来：七千三百五十一、四千零五、二千六百。这时，绝大部分学生轻松地写出了4005或2600，很少人选择7351。老师就因势利导，引导学生讲一讲怎样写万以内的数，写数时中间或末尾有0时应该注意什么等。学生有了学习的积极性和主动性，愉悦和谐的课堂氛围便水到渠成。

老师在发挥主导作用的过程中树立学生的主体意识，想方设法调动学生一切积极因素，使学生在教学过程中能恰到好处地动手操作、动眼观察、动脑转化、动口表达，让他们体验到自己做学习主人的快乐，真正使学生变"被动学习"为"主动进取"，变"墨守成规"为"灵活创新"。

二、培养学生主动创新的学习意识

创造性学习是学生主动参与学习的出发点和归宿，是素质教育的新特点、新内涵和核心。创造性学习指的是学生具有新意识、新思想、新观念、新方法等学习素质。

老师要独具匠心，以创造性的教学劳动创设有利于学生获取的条件，促使学生创造性地学习，使之既长知识又长智慧。

创新意识是一种发现问题、积极探求的心理取向。瓦特成功发明蒸汽机得益于儿时对开水冲开壶盖的求知欲。求知欲是学生的天性，是创新的潜在力，是创新意识的萌芽。所以我们在教学中要爱护、激发学生的求知欲，这是培养创新意识的起点。善于激起学生的求知欲，使学生呈现出求知若渴的状态，正是老师应为学生创造性学习创设的最佳环境。

激发兴趣，萌发求知欲，培养创新意识，笔者从三方面入手，把愉快教育的理念充分运用到新课程中去，即"疑、趣、境"。

1. 以疑激欲

"学起于思，思源于疑。"心理学家认为，疑最容易引起探究反射，思维也应运而生。因此，笔者十分重视每节课的导入，视之为"开讲艺术"，在开课短短的3—4分钟内紧紧扣住学生的心弦，使之产生"非学不可"的状态。

例如，笔者在讲"长方形面积计算"这节课时，先出示两个图形（单位：厘米），让学生想办法比较两个图形面积的大小。如下图所示。

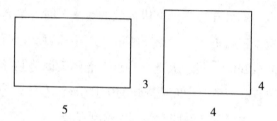

图1 比较两个图形面积的大小

有的同学用割补法把两个图形重合起来比较，有的同学用1平方厘米的单位面积进行测量。笔者在肯定了同学们积极想办法、开动脑筋的同时，又提出新问题："要想知道天安门广场的面积、中国土地的面积，还能用这样的方法吗？"同学们领悟到这些方法太麻烦，也不实际。那么，有没有更简便的方法求图形的面积呢？

产生疑问、引起思考是学习的开始。疑问萌发起学生求知的欲望，同学们跃跃欲试，开始了对新知识的探求。

2. 以趣激欲

数学知识本身蕴藏着一定的吸引力，这就是教材本身的趣味因素。教数学的人首先应被数学的魅力深深打动，学数学的人才会被数学所吸引。

例如在讲"比例尺"时，笔者首先提出了这样有趣的问题：

"李叔叔看到地图，不用实地测量，就可以知道广州至北京的实际距离；王师傅看到图纸就可以制造出符合要求的零件。是谁暗中帮助了他们？"老师板书课题：比例尺。尽管学生对比例尺还不理解，但是从刚才简短的话中，已感受到"比例尺"神奇的力量。

有趣的设问，激起了学生的求知欲望。

3. 以境激欲

创设情景，使学生迅速进入最佳学习状态，是激发学习兴趣、萌发求知欲望、培养创新意识的有力措施。

例如笔者讲"相遇问题"一课时，为了扫清学生的认知障碍，在课的开始创设了这样的情境：同学们自愿组合，两人一组演示"相遇、相距、相向、同时"这四个词的意义。通过直观演示，学生加深了概念的理解，积极主动地开始了对新知识的探求。

教学情境的创设，为学生创造性学习做好了心理上和知识上的准备。

三、抓好思维训练，培养学生思维的创造性

学生思维的创造性表现为独立动口、动手、动脑，不随波逐流，也不固执己见，善于发现问题、分析问题和解决问题，有与众不同的独立见解。

教学中，笔者鼓励学生大胆发表不同的见解，学生解题有新颖、独特的见解时及时表扬，并请他们在全班交流。对某些同学创造性的解题方法，命名为"某某解题法"，极大地鼓舞了同学们的积极性。课堂上常常出现兴趣浓厚、气氛热烈、思维活跃、爱思善思、乐学好学的场面，许多优秀的解题方法涌现出来，同学们在参与学习的过程中，创造性思维得到培养。

例如口算561+7941-941+13000+925+3841-925+159，一些学生口算得特别快。笔者请他们汇报时，学生说出了口算方法，分别先算"7941-941"和"925-925"。这种思维方法比按部就班好多了，笔者及时肯定他们这种方法。

《新课程标准》要求数学老师以创造性的教学劳动，用数学知识本身的艺术魅力和自身的情感艺术魅力去感染和激励学生。老师应该满腔热情地鼓励学生大胆设想、标新立异，还要在课堂教学中为学生创设培养创造性学习的条件，使学生在学习的过程中体会参与之乐、思维之趣、创造之悦，使之真正成为学习的主人。

以美引趣，寓教于乐

没有美的教育是不完整的教育。老师在教学中应创设美的情境，培养学生美的情操，让他们在美中学习、在美中探索、在美中总结、在美中创造。那么，在小学数学中如何以美引趣，寓教于乐呢？

一、以教具的直观美，引发学生乐探

直观、具体、生动形象的事物比较容易吸引学生的注意力，激发他们的学习兴趣，使他们在愉快的观察与操作中探索知识的奥妙。例如在进行数数能力的基本训练时，笔者根据教学需要和学生的特点，充分利用直观教具，绘制了许多画片和几百张卡片，同时也要求学生准备小木棍、长方形、正方形、圆形和三角形卡片等。数数要求学生做到用眼看、轻轻数、不重复、不漏数。通过对各种学具、教具的数数，学生的兴致很高，不觉得乏味，并且很快领会可数的实际大小，掌握了数序。

学习10以内数的认识，教材中对10以内数的认识一次呈现、多次重复，重点突出了数的内在联系。实际教学中，数序、数的认识、读数、写数也是同时进行的。教学中老师拿出教具：一棵树上挂着10个桃子，摘下一个桃子，这个数量就是1；接着又摘下一个，就是2。这时引导学生观察2里面有几个1，比1多1就是2。这样摘下去，使学生知道3里面有3个1，3比2多1，2比3少1，一直摘完10个桃子，也就认识了10以内的数。

在低年级的教学中，应把各种不同颜色和不同形状的教具用于教学。根据教材内容的需要，老师每讲一道题就出示一种有颜色的教具，一堂课上完了，黑板上就整整齐齐地摆满了红的、绿的、黄的、方的、圆的、三角的、梅花状等各种各样的图形，把学生全吸引住了。他们高兴地说："老师，黑板上的教具真美。"在教学序数时，老师可以把各种各样的小动物图案贴在黑板上，如熊猫、猴子、长颈鹿等。这时在同学们的眼中，黑板就成了一个小小的动物园。

二、以故事的情节美，激发学生乐学

生动有趣的故事令人终生难忘。曲折的情节、丰富的情感，能使学生进入一种美的境界。例如，在数学教学中介绍科学家励志拼搏、为事业献身的精神，介绍古今数学家历尽艰辛、勇于攀登的事迹。华罗庚自学成才，陈景润痴学若愚，阿基米德在刀架在脖子上的时候还进行运算，刁蕃都墓铭志上也刻着算题，等等。使学生从大师的情操中吸取精神营养，树立美好的理想。

日常多鼓励学生搜集一些数学故事，利用数学兴趣课让学生比赛谁讲的数学故事多，这样不仅可以提高学生阅读的积极性，而且数学故事除了有一定的故事情节，还蕴含着丰富的数学知识。如商高巧解难题、阿凡提智取银环、韩信点兵、李白喝酒等故事里都蕴含着数学知识，可以直接启迪学生思维，使他们在故事的情节中得到一种美的享受，认识到数学是一门很美的科学，从而在快乐中学习。

三、以游戏的情趣美，引导学生乐练

游戏可以满足学生爱动好玩的心理，其注意力不但能持久稳定，而且紧张程度也高。游戏中学生学习的情绪很高，他们在充满情趣的气氛中完成巩固练习，如组织开火车、找朋友、夺红旗、钓鱼比赛、射门比赛、小鸟回巢、抢答、邮递员送信、游数学乐园等。老师为了帮助学生巩固学过的知识，熟练准确、迅速地计算，可以把一组题写在卡片上，发给每一组的第一位同学，每人计算一道题后传给后一位同学，由最后一名同学交给老师。通过这样的接力竞赛，比一比哪一组算得又对又快，表扬优胜者，奖一面小红旗。

抓住学生的好胜心理并将其运用在教学上，会收到意想不到的效果。例如，在每一节数学课都进行比赛，以小组为单位，开始上课就计分，计分标准包括课堂纪律、回答问题的情况和参与学习的气氛等方面。这样不仅把每节课都变成一次数学竞赛，提高了学生学习的兴趣和积极性，而且也培养了学生的集体意识和荣誉感。

核心素养视角下深化小学数学教学改革

当前，核心素养的培养受到国内外学者的广泛关注，对培养小学生数学核心素养也越来越重视。小学数学教学是小学教学的重要内容，是学生数学学习的重要奠基阶段，直接关系到学生今后数学学习的开展及数学能力的提高。因此，深化改革小学数学教学，提高小学数学教学水平十分必要。基于此，笔者进行了相关介绍。

一、一个核心

数学老师应该都非常熟悉"为思维而教"这一句话，在某种程度上，这一句话对数学教育本真的要义进行了揭示。就数学的教育教学过程以及数学教学来讲，数学学习重要的价值之一即改进人们的思维方式，并让学生通过数学这一途径懂得如何思考，让学生客观且清晰地看待问题。由此可看出，数学素养的魂即思维，而数学能力的核也是思维，思维起到了不可忽视的作用。

从实质上讲，思维可支配人类的一切活动。在数学思想层面上有数学建模和逻辑推理以及数学抽象，而在数学内容层面上有数据分析和直观想象以及数学运算，其中涵盖的每一种素养，思维都发挥着极其重要的作用。就连数学观察，形式上用的是眼睛，可实际上用的是头脑。可以说，思维素养是层级最高的素养，是居于数学思想层面以及数学知识层面的素养。

二、四点做法

数学学科所具备的思维素养，同数学学科有着非常密切的联系，也取决于其他学习活动。所以在日常教学中，要对数学学习内容当中所涵盖的抽象性和严谨性、逻辑性和结构性以及整体性引起重视，还需借助教学设计，帮助学生将模型思维和抽象思维、理性思维和逻辑思维以及整体思维建立起来。

1. 归置内容

数学可构成一个整体知识体系。在编排教材时，一般都会拆分整体，使其变成课时和单元的学习内容。在传统教学中，很多老师都会以单独知识点为中心展开教学，所以学生只能学到单一和零散的内容，也只能形成局部的思维。

所谓归置内容，指的是在更为结构的系统当中归置课时的学习内容，不仅能看见树木，还可看见森林。比方说，从数的角度上来看待分数，就可对分数以及整数的关联进行建构。整数也就是累加数的单位1，而分数是细分数的单位1。数可不断地累加，同样也可不断地细分，这样就能够更为高效地将运算特征掌握。此外，在认识千米时，我们会发现人们都是在遵循规律的基础上来发明长度单位，所以数学任何时候都在讲理。

当然，归置内容不仅要站在知识层级上考虑，还可站在数学思想的方法层面上进行考虑。比方说，在对百数表进行学习时，可在一百个方格当中填写1—100的数字之后再探寻规律，这样就可按照一定的逻辑展开，包括"模样不同，产生的数学也有所不同；排法不同，模样也有所不同；东西多时，就应排队"等逻辑，这样能够慢慢培养学生数学思维的开放性以及条理性。

总而言之，在数学教学的过程中，如若我们能够摒弃学习内容层面上的单一性，并将整体的数学世界展现出来，除了可对数学本真面目进行还原，很重要的一点是能够让学生拥有更为系统的思维以及通观全局的眼光。

2. 分析整体思维

在展开数学学习时，若用到的是整体思维，那么接触的课堂知识并非就是一个点，而是多条线和多个点以及多板块并存于一起。所以，将彼此间的联系抓住，并使元素结构化，显得尤为重要。实质上，并非在学习新内容之后才能结构化，而是可结合新内容学习。有一位教授曾经说过，可通过分析思维方法去教学具体的知识和内容。

比方说，当学完了毫米、厘米、分米和米四个长度单位之后，再对第五个长度单位进行学习时，老师可让学生对已学的几个长度单位以及单位间的进率进行整理，而后让学生猜想长度单位结构图："若人们对第五个长度单位进行了发明，那么第五个长度单位所处的位置在哪里，这个单位长度跟其他单位长度有什么关系？"很明显，学生会激活自身的思维，并联想到千米和十米以及百米等比米大一些的长度单位，还有小于毫米的长度单位，同时联想到相邻的长度单位都是10的进率。如图1所示。当出现这样的长度结构和长度单位体系之后，就能简单和清晰地转变单位。

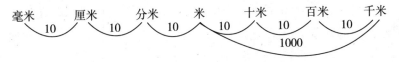

图1 学生已掌握的长度单位关系图

再如，刚开始学习分数时，从一块月饼着手，学生用1表示，逐步增加便可获得更大整数。反之，平均分好一块月饼后对其中一部分进行表示，就可获得分数。通过对比，除了能够让学生从另一角度认知整数，即1和2、5和6、9和10间还有数，也能有效地融合整数和分数。

3. 悟育思维

培育学生的数学思维需要漫长的过程。在这一过程中，最为重要的是学生获得的领悟和体验以及感受，但并非是让学生自由和纯粹地成长。作为老师，要充分地发挥引导作用，对其点拨和引导，这样能够让学生获得较好的学习感受，提升自身的学习效率。

比方说，在教学千米的知识时，若学生直接地讲出千米，且说出"1千米=1000米"，那么老师便可让学生对千米和米、分米和厘米以及毫米的结构图进行观察，对其中存在可疑的点进行观察。两个相邻长度单位间是10的进率规律为什么会被打破？这同常理不相符啊。当大家经过讨论后，就可得出在米同千米间需增加十米以及百米的结论，并让学生谈谈自己的看法。而后以结构图为依据，对米和千米是1000的进率进行解释，并提问还有什么单位之间有1000的进率。在这一学习过程中，学生慢慢地对数学产生一种亲近之感。

还有，在学习9+4时，老师需给学生时间让其自主解决。当学生采用不同方式将问题解决之后，老师可让学生进行相关的交流和讨论。讨论和交流之后，学生会发现，虽然每个人采用的是不同的方式，不过都是先把9凑成10。在这个过程中，生动地表现了思维简洁性和思路统一性以及学习多样性和数学丰富性，带给学生的思维启迪无疑是有益的。实质上，在课堂学习当中，老师起到了非常重要的作用，其并非简单的传授知识以及包办学生的学习，而是有助于学生理解和感受数学，这样才能够让学生在此基础上学会数学，并对数学怀有热爱之情。

4. 神奇的创造

学习和吃饭一样，是学生自身的事。在学习时，学生发挥主体性，并非仅仅投入积极的情感，还在迸发灵感、创造火花以及深度的思维参与上有所表现。

在教学100以内数的顺序知识时，老师可在方格图中放置100个数，而后让学生按顺序摆放，一些学生选择了竖着和横着的方式，还有一些学生选择了波浪式和螺旋式的方式，另外也有一些学生捺着放和撇着放，他们有着活跃的思维，创造了多彩的火花。

一年级的学生在对平面图形进行学习时，老师可让他们用三棱柱积木和圆柱积木、正方体积木和长方体积木等立体积木制成印章，蘸上印泥之后可盖出多种图形。而后老师可让他们比较平面图形和立体图形间的区别以及联系。一些学生说，平面图形不能站，但是立体图形却能够站；一些学生说，平面图形同立体图形有一定的关联性，不管用什么面来盖图形，长方体的图形均是长方形，而正方体能够盖出一模一样的平面图形；还有一些学生说，图形并没有厚度。虽然这是一些较为孩子气的话，但是却充分道出数学间存在的联系。

初步认识分数之后，老师需引导学生来命名分数，感知分数的特点："同学们，我们对一些新的数进行了创造，这些新的数有一个共同的名称，你们知道吗？"学生争先恐后地回答："全份之几数、几分之几数。"老师再问："全份之几要怎样解释？"一些学生回答："分母即全份，分子是几份，那么分数就是全份数中的几份数。"

毋庸置疑，如果课程没有学生集体参与，那么仅是在操练技术；如果课程没有学生进行主体创造，那么会显得寡淡无味。数学是理性的，如果将灵性学习注入其中，其所具有的生命力以及感染力必然是非凡的。

三、四组关系

不管是教学教育还是人的成长，其过程都非常复杂，如果我们把思维素养当成核心素养，且注重改革以及创新传统的数学教育，那么需重视对以下几组关系进行处理。

1. 核心和基础

学界认为，提出的核心素养是针对课程改革而提的三维目标升级，并非是叠加三维目标，而是合体。这代表核心素养的培养不能离开价值观和情感态度、方法和过程、技能和知识的支撑与支持，所以要加大力度研究怎样在学习中使三维目标得以落实。另外，在核心素养的结构当中，可把思维素养视作为顶层素养，其形成不能离开两大根基，包括数学思想的层面素养以及数学内容的层面素养。就像是基础层和中间层对高级层起到了一定的烘托作用，而高级层在基础层以及中间层上起到了整体作用，这三者互相交融、相互映衬，成为一个大的整体。

2. 长远和阶段

人的情感发展和思维发展、智力发展和身体发展以及心理发展有阶段性的特点，在培养数学素养时也同样如此。在低年级阶段，应给学生创造足够的直观参与的机会，使其慢慢领悟抽象，同时要对学生学习数学的感觉进行关注，对数学思维种子进行播种。在中年级阶段，学生思维的水平慢慢地从形象思维过渡为逻辑思维。这时，老师需提醒和点拨以及引导，让学生对数学有更深的感知，并学会通过一些方式来表达自身的理解、感悟以及感受，这样才能有效提升学生的数学思维和数学水平。而在高年级阶段，由于学生慢慢形成了认知结构，在展开教学时，需让学生认识到数学的整体性。也就是说，当前学习延续了先前的学习，并为后续学习打下了基础。同时，要同实际学习情境相结合，告知学生怎样学、如何学，给学生机会让其总结和概括。到了后续的初中学习阶段以及高中学习阶段，需同小学数学的学习保持一定的连续性以及发展性。总的来讲，是一致的方向以及目标。

3. 探讨量变和质变

任何事都是由量变到质变。质变的前提即量变，量变飞跃即质变。在做教学研究时候，常会有老师埋怨自己所带班级的学生不会学习、不会想和写，更不会说。请问，在平常教学当中，老师是否对学生进行了指导？是否给予学生充分的时间练习？没有人天生会做和说。我们学校最终的目的就是对学生的图像思维进行培养，所以在一年级就组织阅读绘本、讲述数学故事的相关活动。在二年级时，让学生采用日记绘画的方式对生活中涉及数学的故事和场景进行记录。在三年级和四年级，可让学生对数学连环画进行绘制。在五年级以及六年级，可要求学生自主创作绘本。通过六年的时间，才能有助于学生树立其图画思维，才能让一部分学生在生活和学习问题的解决过程中运用创意性的画图。在培养学生的数学核心素养时，尤其是在培养学生思维素养时，需要老师从每节课以及一点一滴着手。在这一过程中，很多教学难免会发生不适应的状况，甚至严重的还会陷到困境当中，不过只要一切朝着正确的目标前行，就能慢慢实现。

4. 群体同个体存在关系

石中英在《教育哲学导论》中提出，不管是个体学习还是人类学习，这一过程都并非是外在的，而是内在的，内在的质疑和对话以及思想交流的过程。从实质来讲，这一过程是自由、自愿以及自觉的，任何强迫的形式都对这一过程的维持以及启动极其不利。虽然班级授课采用的是集体形式，不过教育真正面对的对象永远是个体。个体间难免存在一些差异，在素质和思维以及学习进度、学习效率上均有所体现。一些学生有学习天赋，能够高效地利用时间，但也有学生思想较为迟钝，思维不能拓展，需一点点地点拨以及提醒才可提升学习效率。此外，还有些学生做了许多努力，但依旧没有任何效果。所以，针对这些情况，老师需客观地看待，尽可能确保学生不偏离正确的方向，这样才能一步步地接近目标。

四、结束语

总而言之，作为一门基础的学科，数学与学生今后的发展以及成长有着莫大的关联。学生面对挑战、适应社会需具备一种素养，即数学核心素养。所以，要站在核心素养的角度上深入研究小学数学的教学改革，使教学内容以及教学方式得以丰富和充实，不断使教学水平得以提升，为培养出色的人才做出实质性的贡献。

参考文献

［1］方兴东，石现升，张笑容，张静.微信传播机制与治理问题研究［J］.现代传播，2013（6）：122-127.

［2］郭霖，方治华.浅谈信息技术在班级管理中的应用［J］.中国技术教育装备，2013（31）：17-18.

［3］何姗.微信在警务信息处理中的应用［J］.信息技术应用研究，2012（18）：39-41.

［4］韩庆年.微信接入教育情境的现状、需求和实践探索［J］.江苏开放大学学报，2014，25（5）：22-26.

［5］李燕军.微信的安全问题研究［J］.信息网络安全，2013（10）：39-41.

［6］庞胡瑞，单学刚.政务系统微信风已经蔚然成形［J］.人民论坛，2013（8）：68-69.

［7］童慧.微信的传播学观照及其影响［J］.重庆社会科学，2013（9）：61-66.

［8］王勇，李怀苍.国内微信的本体功能及其应用研究综述［J］.昆明理工大学艺术与传媒学院，2014，14（2）：101-107.

［9］王爱菊.信息时代的教学危机及其化解［J］.当代教育科学，2013（21）：18-28.

［10］王欢，祝阳.人际沟通视阈下微信传播解读［J］.现代情报，2013，33（7）：24-27.

［11］谢新洲，安静.微信的传播特征及其影响［J］.中国传媒科技，2013（6）：21-23.

［12］余凯.例谈微信在中学生假期作业中的应用［J］.吉林教育，2013（3）：99.

［13］杨敏.微信对大学生思想政治教育的挑战及应对策略研究［J］.思想理论教育，2012（6）：72-76.

［14］赵亚夫，刘加霞.小学数学课堂的有效教学［M］.北京：北京师范大学出版社，2008.

［15］潘小明.数学生成教学［M］.北京：首都师范大学出版社，2012.

［16］王栋昌.严谨和谐多变的教学风格：小学数学教学的探索之路［M］.长春：东北师范大学出版社，2015.

［17］胡新猛.基于核心素养下的小学数学自然课堂探究［J］.数学教学通讯，2017（22）：30–31.

［18］彭寿戏.小学数学核心素养培养的策略探究［J］.小学生（中旬刊），2017（8）：7.

［19］陈燕.小学数学建模：概念解读、现状分析与未来展望——基于课题研究与数学核心素养培养的分析与思考［J］.福建教育学院学报，2017，18（8）：74–77.

［20］李志芳.核心素养导向下小学数学课堂学生问题意识的培养［J］.小学科学（老师版），2017（7）：183–184.

［21］石晓红.小学数学核心素养下的教学实践［J］.小学科学（老师版），2017（8）：81.

［22］丁爱平.把握数学本质培养核心素养——以小学数学五年级下册《折线统计图》一课的教学为例［J］.江苏教育研究，2017（26）：61–64.

［23］石伶俐.核心素养导向下的小学数学教学策略［J］.数学大世界（上旬），2017（8）：46.

［24］庄春秀.浅析小学数学的有效教学与数学核心素养的培养［J］.吉林教育，2017（26）：12.